W0052003

NATHANAEL DRAHT

Gott sagte:
Willst du mit
mir leben?
Und ich so:
<u>Klar.</u>

Mein Leben
vom Millionär
zum Missionär

SCM

Hänssler

SCM

Stiftung Christliche Medien

SCM Hänssler ist ein Imprint der SCM Verlagsgruppe, die zur Stiftung Christliche Medien gehört, einer gemeinnützigen Stiftung, die sich für die Förderung und Verbreitung christlicher Bücher, Zeitschriften, Filme und Musik einsetzt.

Einige Namen wurden aus persönlichkeitsrechtlichen Gründen geändert.

© 2020 SCM Hänssler in der SCM Verlagsgruppe GmbH
Max-Eyth-Straße 41 · 71088 Holzgerlingen
Internet: www.scm-haenssler.de; E-Mail: info@scm-haenssler.de

Die Bibelverse sind, wenn nicht anders angegeben,
folgender Ausgabe entnommen:
Neues Leben. Die Bibel, © der deutschen Ausgabe 2002
und 2006 SCM R. Brockhaus in der SCM Verlagsgruppe GmbH,
Witten/Holzgerlingen.

Weiter wurde verwendet:
Elberfelder Bibel 2006, © 2006 by SCM R. Brockhaus
in der SCM Verlagsgruppe GmbH, Witten/Holzgerlingen.

Co-Autor: Matthias Dittmann, www.matthiasdittmann.de
Lektorat: Hella Thorn
Umschlaggestaltung: Sybille Koschera, Stuttgart
Titelbild: Fotos: Sven Lorenz, Essen
Bildteil: © Nathanael Draht, privat
Autorenfoto: Sven Lorenz, Essen
Satz: typoscript GmbH, Walddorfhäslach
Druck und Bindung: Finidr s. r. o.
Gedruckt in Tschechien
ISBN 978-3-7751-6013-1
Bestell-Nr. 396.013

Inhalt

Geleitwort

Wir leben in einer Zeit, in der der Kampf um die Wahrheit an Intensität zunimmt. Der mediale Mainstream distanziert sich zunehmend von den christlichen Werten und damit auch vom Fundament des christlichen Glaubens. Und nicht nur die säkulare Welt, sondern zunehmend auch die christliche Welt ist geprägt von Menschengefälligkeit und Populismus. Vielerorts wird das gepredigt, was den Massen gefällt. Unangenehmen Themen wird oft ausgewichen, um den scheinbar gefälligeren Weg zu gehen.

Jesus war da ganz anders. Er suchte die Ehre beim Vater im Himmel und strebte nicht nach Menschenehre: »Ich nehme nicht Ehre von Menschen« (Johannes 5,41; ELB). Auch Paulus war befreit von diesem falschen Druck, auf Kosten der Wahrheit von Menschen bejubelt und verehrt zu werden. So sagte er in Galater 1,10 (ELB): »Wenn ich noch Menschen gefiele, so wäre ich nicht Christi Diener.« Und in 1. Thessalonicher 2,4-6 sagt Paulus guten Gewissens von sich, dass es in seinen Reden nicht darum gehe, Menschen zu gefallen, ihnen zu schmeicheln oder Ehre von ihnen zu erhalten. Ihm ging es darum, treu und mutig das weiterzugeben, was er von Gott durch Inspiration empfangen hatte.

Der Autor dieses Buches sucht in meinen Augen genauso die Ehre bei Gott und nicht bei den Menschen. Als ich ihn vor ca. acht Jahren in unserer Bibelschule, deren Leiter ich 18 Jahre lang war, kennenlernte, war ich so beeindruckt von der Echtheit und Klarheit seines Glaubens, dass ich ihm bei einer öffentlichen Veranstaltung die Bühne freigab, um Gott die Ehre zu geben. Seit diesem Tag hat sich das in seinem Leben nicht verändert, sondern noch zugenommen. Nathanael teilt seine Zeugnisse und Erlebnisse mit Gott voller Leidenschaft, Klarheit und Kompromisslosigkeit. Ich bin sehr dankbar, dass wir nun das Privileg haben, lesen zu dürfen, wie Gott sein Leben komplett verändert hat.

Als ich anfing, das Buch zu lesen, konnte ich es nicht mehr aus der Hand legen. Ich finde es spannend, ehrlich und ermutigend. Nathanael schwimmt in diesem Buch gegen den Strom, bricht mit unbiblischen Traditionen und beleuchtet stattdessen die biblische Wahrheit. Mit seinen persönlichen Gotteserfahrungen ermutigt er uns, Jesus zu glauben und ihm zu vertrauen. Als Geschäftsmann ist er ein lebendiges Zeugnis, nicht dem »Mammon der Welt« zu verfallen. Als Familienvater nimmt er uns mit durch seine Höhen und Tiefen und zeigt uns, dass auf dem Fundament Jesu Christi eine Familie glücklich geführt werden kann. Als Glaubensmann zeigt er uns, dass die biblischen Prinzipien heute noch funktionieren und umgesetzt werden können.

Gottes große, geschenkte Gnade zieht sich als roter Faden durch das ganze Buch, aber auch die persönliche Verantwortung, die jeder Einzelne herausfordert, ist zu übernehmen. Ich wünsche jedem Leser viel Freude beim Lesen und ein offenes Herz, um durch dieses Lebenszeugnis Segen zu empfangen.

Gerry Klein
Langjähriger Leiter im Glaubenszentrum Bad Gandersheim
Oktober 2019

Vorwort

Seit einigen Jahren reise ich als Gastsprecher durch Deutschland und Österreich und erzähle auf Konferenzen, in Gottesdiensten, im Radio und im Fernsehen meine Lebensgeschichte. Dabei bin ich doch eigentlich nur Unternehmer, Ehemann und Vater. Aber ich habe bereits jetzt ein bewegtes Leben hinter mir. Und so wurde ich irgendwann gefragt, ob ich denn ein Buch hätte. Ein Buch? Nein.

Doch die Frage wurde mir immer wieder gestellt. Und so begann ich aufzuschreiben, wie aus dem kleinen, ausgeschlossenen Jungen, der von seinen Klassenkameraden gehänselt wurde und mit dem kein Mädchen etwas zu tun haben wollte, ein Millionär wurde. Und wie ich auf dem Höhepunkt meines damaligen Lebens plötzlich Gottes Stimme hörte und sich mein Leben radikal veränderte. Doch das Schreiben fiel mir schwer und ich merkte, dass es viel einfacher ist, meine Geschichte zu erzählen. Also hörte ich wieder auf – bis ich einige Zeit später mit dem SCM-Verlag in Kontakt kam und wir mein Buchprojekt gemeinsam neu starteten.

Dies ist mein erstes Buch. Ich habe keine Kurse über »packendes Schreiben« besucht, sondern es mithilfe eines Co-Autors geschrieben. Deswegen lässt es sich jetzt ganz vernünftig lesen. Meine Stärken liegen eher darin, Arbeitsanweisungen zu geben und Verträge zu schreiben. Eines kann ich dir aber zusichern: Was du hier bekommst, ist echt und authentisch. Ich nehme kein Blatt vor den Mund. Du bekommst »Nathanael pur«, möglicherweise nicht immer politisch korrekt. Du bekommst Einblicke in mein Leben, wie sie bisher kaum jemand in meinem Umfeld bekommen hat (mit Ausnahme meiner tollen Ehefrau natürlich). Viele Dinge, über die ich hier schreibe, werden den gewöhnlichen Westeuropäer tendenziell überfordern. Aber sie sind tatsächlich so passiert, wie ich darüber berichte. Ich schreibe ehrlich und transparent, auch über die Dinge in meinem Leben, die nicht so gut gelaufen sind.

Ich hoffe, dass du an der einen oder anderen Stelle lachen oder weinen wirst – so wie ich es in den letzten Jahren immer wieder getan habe – und so einen Anteil an meinem Leben bekommst. Viel Spaß beim Lesen. Lassen wir es krachen.

Nathanael Draht
August 2019

1 VERÄNDERUNG –
Mein radikal anderes Leben

Etwa neun Monate nachdem ich mein Leben Jesus gegeben hatte, nahm ich an einer Missionsreise nach Indien teil. Unsere kleine Reisegruppe ging oft auf die Straßen, redete mit den Menschen über Jesus und veranstaltete Gottesdienste. Im Anschluss an einen dieser Gottesdienste boten wir Heilungsgebete an. Gerd und Gabi, die Leiter der Missionsreise, standen vorne und die Menschen kamen in Scharen und bildeten eine lange Schlange. Ich gesellte mich zu Gerd und Gabi und betete mit ihnen für die Menschen. Und tatsächlich wurde einer nach dem anderen gesund.

Nach einer Weile sagte Gerd: »Nathanael, geh du doch ans Ende der Schlange und bete dort für die Menschen.«

Wow. Ich hatte zwar schon für meine Mutter gebetet und ihre Schmerzen waren verschwunden. Aber das hier war ganz klar eine größere Nummer. Ich war supernervös, ging aber ans Ende der Schlange, trat auf den ersten Menschen zu, der hoffnungsvoll darauf wartete, gesund zu werden, und betete. An meine Worte kann ich mich nicht mehr erinnern. Aber er behauptete, geheilt zu sein. Okay, danke Jesus. Der Nächste bitte. Auch er wurde sofort gesund, und so ging das weiter. Nach einer Weile fragte ich mich: Sind die vielleicht alle bezahlt? Nach dem Motto: Stellt euch da mal in einer

Reihe auf, und wenn jemand für euch betet, behauptet ihr einfach, gesund zu sein. Macht sich sicherlich gut auf den Videoaufnahmen für die Leute in Deutschland.

Also fragte ich den Nächsten in der Reihe, was ihm überhaupt fehle. Sein Knie tat ihm weh. Ich sah mir das Knie an und hatte allein vom Anschauen selbst Schmerzen: Die Kniescheibe war zur Seite verrutscht und hing etwa drei Zentimeter zu tief.

Ich legte meine Hand auf und befahl: »Kniescheibe, komm zurück in die göttliche Ordnung, in Jesu Namen!«

Es fing an zu knacken und ich spürte, wie sich die Kniescheibe unter meiner Hand bewegte. Verrückt!

Aber ich hielt mich nicht etwa für einen Glaubensheld, nein, mein erster Gedanke war: »Das ist Beschiss, er macht das irgendwie mit seinen Muskeln, um mich zu verarschen.«

Ich tastete mit meiner freien Hand sein Bein ab, aber alle Muskeln waren total relaxed. Es knackte fröhlich weiter, die Kniescheibe bewegte sich und in mir wuchs der Glaube.

Mit etwas mehr Inbrunst wiederholte ich meine Worte: »Kniescheibe, in Jesu Namen, komm in die göttliche Ordnung!«

Es wurde still und ich nahm meine Hand weg. Beide Knie sahen nun gleich aus.

»Kannst du mal aufstehen und testen, ob es noch wehtut?«, fragte ich ihn. Er machte ein paar Kniebeugen und ging mit strahlendem Gesicht davon.

Der Nächste in der Reihe klagte über schwere Bauschmerzen und behauptete, einen Tumor zu haben. Ich fragte ihn, wo genau es wehtue, und er deutete die Stelle mit der Hand an.

»Hier?«, fragte ich, und bohrte ihm etwas übermütig den Finger in den Bauch.

Sollte man nicht unbedingt nachmachen. Der Mann schrie vor Schmerz auf und klappte zusammen. Nun, zumindest war jetzt klar, dass er tatsächlich krank war.

Ich fragte mich: »Wie lange braucht Gott wohl, um diesen Menschen zu heilen?«

Ich betete ein sehr kurzes Gebet, und stach erneut mit dem Finger in die gleiche Stelle. Sein Gesicht hellte sich auf. Er tastete seinen Bauch ab und jubelte. Scheinbar hatte Gott ihn wirklich geheilt, und zwar unmittelbar. Ich meine, das war ja eigentlich klar, oder? Immerhin handelte es sich um eine übernatürliche Heilung. Warum sollte es Stunden oder Tage dauern, bis jemand übernatürlich gesund wurde? Gott ist schließlich nicht von Zeit und erst recht nicht von richtigen Formulierungen abhängig. Ich fing also an, nur sehr knapp formulierte Gebete zu sprechen – und tatsächlich wurden die Menschen gesund.

Ich war total geflasht. Aber es wurde noch krasser, denn es kam diese Frau an die Reihe. Als ich für sie beten wollte, verdrehten sich ihre Augen, sodass das Weiße zu sehen war, ihr Kopf klappte nach hinten. Sie streckte die Zunge raus und brabbelte unverständliches Zeug. Was ging denn da ab? Ich hörte auf zu beten, die Frau richtete sich wieder auf und sah mich an, als ob wir eben bei einer Tasse Tee nett miteinander geplaudert hätten. Als ich sie fragte, was eben passiert sei, sagte sie, dass sie das nicht wüsste, aber den Eindruck habe, eine Schlange würde sich um ihren Kopf wickeln. Eine Schlange, soso. Ich dachte sofort an die Bibel und die Schlange im Paradies. Könnte es sich hier um etwas Teuflisches oder Satanisches handeln? Auch mit Dämonen hatte ich bereits ansatzweise Erfahrungen gesammelt. Und weil ich schon mal da war und Gott ganz offensichtlich wirkte, betete ich einfach für die Frau und befahl der Schlange, zu verschwinden. Was soll ich sagen? Es wirkte!

———

Ich war seit gerade einmal neun Monaten Christ und hier stand ich irgendwo in Indien, Gott heilte Menschen, wenn ich für sie betete, und schickte durch mich Dämonen oder irgendwelche anderen Mächte einfach weg. Das hatte mit dem Leben, dass ich zuvor 30 Jahre lang geführt hatte, rein gar nichts zu tun. Aus einem egoistischen, vom eigenen Erfolg und Reichtum geblendeten jungen Mann war ein Nachfolger Jesu geworden. Statt mir mit meinem vielen Geld immer wieder neue irdische Kicks zu kaufen, erlebte ich jetzt jede Menge übernatürlicher Kicks, ganz umsonst, direkt von Gott. Es war eine Wandlung, auf die mein Leben vielleicht zugesteuert war, weil Gott das so wollte, aber auf die ich absolut nicht vorbereitet war.

Das alles traf mich wie aus heiterem Himmel.

Der Beginn eines neuen Lebens

Nach meinen damaligen Maßstäben hatte ich alles erreicht: Ich hatte ein äußerst erfolgreiches Unternehmen gegründet, war Millionär, hatte ein Haus, das meine Freunde scherzhaft als Prunkvilla bezeichneten, schnelle Autos und ausreichend Frauen. Ich hatte Freunde, mit denen ich Party machte, holte mir einen Drogenkick, wann immer ich Lust dazu hatte. Aber irgendwie war ich trotzdem leer.

Nach einem durchzechten Wochenende machte ich mich mit einem Cocktail-Kater und Schmerzen in Kopf und Gliedern an die Aufräumarbeiten. In meinem Barschrank stieß ich auf ein Buch mit hellbraunem Ledereinband und roter Schrift darauf. Es war das Neue Testament, das mir meine Schwägerin vor einigen Jahren geschenkt hatte. Ich konnte mir nicht erklären, wie es in meinen Barschrank gekommen war und warum ich es nicht schon zuvor entdeckt hatte. Ich nahm es heraus, drehte und wendete es und stellte mir Fragen, die mein Leben veränderten:

Was, wenn dieses Buch die Wahrheit ist?

Was, wenn das tatsächlich die Worte eines Gottes sind, wie manche behaupten? Was, wenn es tatsächlich einen Himmel und eine Hölle gibt?

Ich schlug das Buch auf und begann zu lesen. Ich las das Matthäusevangelium und obwohl ich viele der Geschichten aus meiner Kindheit kannte, las ich es mit einer ganz neuen Einstellung: Könnte es sein, dass das alles wirklich passiert ist? Ich stellte mir bildlich vor, wie das beispielsweise mit Jesu Zeugung gelaufen sein konnte.

Gott sprach zu Maria: »Möchtest du den Erlöser Israels als Sohn gebären?«

»Klar, gerne, ich würde mich geehrt fühlen.«

»Dann wirst du schwanger werden und deinen Sohn Jesus nennen.«

»Ja, okay. Sonst noch was, Gott?«

»Ne, das war's erst mal, bis bald.«

Aber wie konnte Maria Gottes Stimme hören? Und wenn es Gott wirklich gibt, warum habe ich ihn dann noch nie gehört? Dann war da die Eizelle in Marias Bauch und der Heilige Geist mischte die Eizelle ein bisschen auf und packte etwas göttliches Erbgut rein oder teleportierte einen göttlichen Samen in die Gebärmutter, sodass Maria schwanger wurde – oder wie sollte ich mir das vorstellen? Total abgefahren! Wie soll so was gehen?

> ICH VERSCHLANG DAS GESAMTE MATTHÄUSEVANGELIUM UND DANN DIE APOSTELGESCHICHTE. KRASS, WAS HIER ERZÄHLT WURDE!

Ich verschlang das gesamte Matthäusevangelium in zwei Tagen und las dann die Apostelgeschichte. Krass! Dort wurde eine Gemeinde beschrieben, die so gar nichts mit der Kirche gemeinsam hatte, die ich kannte. Wenn die Kirchen heute so wären, wie die ersten Christen damals lebten, welche Wunder würden sie wohl heute vollbringen? Menschen hätten übernatürliche Begegnungen mit Gott und niemand könnte behaupten, die Kirche sei tot. Im Gegenteil müssten die Menschen doch voller Faszination dorthin rennen, sie würden reihenweise überzeugt, ja überwältigt werden. Aber genau das war doch nicht der Fall. Zumindest kannte ich keine Kirche, die auch nur ansatzweise so war, wie die Gemeinde, die in der Apostelgeschichte beschrieben wird.

Ich ging zu meiner Mutter, um mit ihr über das, was ich gelesen hatte, zu sprechen. Immerhin war sie seit Jahren überzeugte Christin. Dennoch konnte sie mir nicht wirklich helfen. Sie empfahl mir, den Römerbrief zu lesen. Dadurch wurden mir zwar manche Dinge klarer, allerdings warf der Text auch doppelt so viele neue Fragen auf, zum Beispiel:

- Wie kann Liebe Sünde sein?
- Warum ist Hass gegenüber Menschen, die einen verletzt haben oder permanent verletzen, nicht gerecht?
- Wie kann der Verzicht auf Konsum und das Zurückstecken der eigenen Lebensziele im »wahren Leben« münden?
- Und wie sollen mehrere Menschen wie »ein Leib« funktionieren, von dem Paulus, der Autor des Römerbriefs sooft sprach?

So richtig sinnvoll schien mir das alles nicht zu sein. Außerdem gab es da noch diese Christen, die ich allesamt für Heuchler und Loser hielt. Das waren in meinen Augen Menschen, die zum Beispiel keinen Partner fanden oder Angst vor Sex hatten und dann religiös wurden. Sie versteckten sich hinter ihrer Religion, während sie geheuchelt fromm auf den einen richtigen Partner warteten, der natürlich nie kommen würde. Christen waren in meinen Augen Menschen, die beruflich auf keinen grünen Zweig kamen und dann ihre Bibel schützend vor sich hielten und davon redeten, man solle nicht nach irdischen Reichtümern trachten. Christen waren einsame Menschen, von niemandem geliebt, aber anstatt etwas an ihrem Leben zu ändern, trösteten sie sich damit, dass irgendein Jesus sie ganz doll lieb hatte.

Mit anderen Worten: Christen waren für mich schwache, verängstige, hässliche, sexuell verkrampfte, zurückgebliebene, unwissende, hilflose Menschen, die sich der Wissenschaft verschlossen und es nicht schafften, ein halbwegs erfolgreiches Leben zu führen. Ich bin nix, ich kann nix, aber das ist auch nicht schlimm, denn Gott liebt mich so, wie ich bin.

Ich war das absolute Gegenteil. Ich war hip, reich, erfolgreich. Ich hatte Freunde, alles coole Partypeople mit besten Chancen auf ein sorgloses Leben in Hülle und Fülle. Ich hatte Sex, schnelle Autos, Partys und alles, was ich mir nur wünschen konnte und was ein Leben lebenswert macht. Wem die Reichtümer der Erde zu Füßen liegen, braucht keinen Gott und keine Bibel.

—

Ein paar Tage später rief mein ältester Bruder an. Unsere Oma sollte operiert werden. Es war eine riskante OP, da wollte er sie vorher noch einmal besuchen und fragte, ob ich mitkäme. Auf dem Weg dorthin wollte er in einen Gottesdienst in der nächstgrößeren Stadt. Ich war seit bestimmt 15 Jahren nicht mehr ernsthaft in einer Kirche gewesen. Zu Hochzeiten vielleicht, oder an Heiligabend meiner Mutter zuliebe. Das waren in meinen Augen komplett sinnlose und lästige Veranstaltungen. Nun hatte ich ja aber das erste Mal in meinem Leben selbst die Bibel gelesen, und vielleicht wäre es gar nicht mal so schlecht, mir jetzt auch einen Gottesdienst noch mal genauer anzusehen.

Ich nahm das Angebot also an und ging am nächsten Tag mit meinem Bruder und seiner Familie in die Kirche. Es war ein schlichtes, etwa 30 Jahre altes Gebäude, im Altarraum waren Musikinstrumente aufgebaut, dahinter hing ein beleuchtetes

Kreuz an der Wand. Diese Art von Kirche und Gottesdienst war anders, als das, was ich bisher kannte, und das befremdete mich ein wenig. Als die Band zu spielen begann, standen die Leute auf, klatschten und hoben die Hände. Einige Leute um mich herum beteten laut, teilweise unverständliches Zeug.

Und mein Herz zerriss.

Schmerzen, Trauer und eine unbekannte Sehnsucht überwältigten mich. Tränen schossen mir in die Augen. Ich sah mich vorsichtig um, aber niemand schien etwas Ähnliches zu spüren. Sollte ich nach vorne laufen und Jesus in mein Leben einladen? Alle meine Prinzipien über den Haufen werfen? Mich von irgend so einem dämlichen Gefühl verarschen lassen?

Ich versuchte, meine Gefühle zu unterdrücken.

Dann kam tatsächlich ein Aufruf, nach vorne zu kommen: Wer sich angesprochen fühle und heute sein Leben Jesus geben wolle, könne jetzt zum Kreuz kommen. Irgendwer würde dann beten.

Niemals! Was sollte mein Bruder dann von mir denken, was sollten die Leute alle denken? Machen die hier eigentlich jeden Sonntag so einen Aufruf? Vielleicht ist das nur so eine Masche: Die sorgen für die richtige Stimmung, bisschen Musik, irgendwelches Psychozeug. Und wer dann nicht widerstehen kann, landet in den Fängen dieser Sekte, verliert seine Kohle und muss sich fortan den Zwängen von Religion und Askese beugen. Ein spaß- und ruhmloses Leben erwartet ihn.

Nach der Lobpreiszeit predigte jemand, aber ich bekam keinen klaren Gedanken. Zu viele Fragezeichen schwebten über meinem Kopf. Dann kam das Missionarsehepaar Weinert nach vorne, um von seiner Arbeit in Südafrika zu berichten. Irgendetwas war bei diesen beiden anders und ich war gespannt, was diese Menschen, die an vorderster Front mit Gott arbeiteten, zu berichten hatten.

Neben der Missionsarbeit hatte das Ehepaar eine Näherei aufgebaut, damit einige Frauen der Umgebung etwas Geld verdienen konnten. Keine schlechte Idee, fand ich. Als kürzlich ein wichtiger Terminauftrag fertig werden musste, ging einen Tag vor der Auslieferung die Knopflochmaschine kaputt. Eine defekte Knopflochmaschine irgendwo in Südafrika ist vergleichbar mit einem Feuer auf einer Ölbohrplattform in der Nordsee. Hilfe ist weit weg und Selbsthilfe aussichtslos.

Was tun? Beten! Das war jedenfalls die Lösung der Weinerts. Sie gingen nach Hause, beteten zu ihrem Gott und legten sich schlafen. Bitte was? Was für eine dämliche Art von Vertrauen ist das denn? Wenn der allmächtige Gott tatsächlich so allmächtig ist, warum hat er dann die Knopflochmaschine überhaupt kaputtgehen lassen? Ist das der Dank für 20 Jahre Missionsarbeit? Aber über die Lippen der beiden kam kein Wort von Undankbarkeit, Missmut oder Anklage.

Am nächsten Morgen sagte die Frau zu ihrem Mann: »Ich hatte einen komischen Traum. Der Pfarrer der Nachbargemeinde hat die Knopflochmaschine repariert«, und lachte herzhaft. »Dabei hat er doch zwei linke Hände! Was für ein komischer Traum.« Doch nach dem Frühstück gab sich der Mann einen Ruck und rief den Pfarrer an.

Seine spontane Reaktion: »Klar, da kenne ich einen, der kann die Maschine reparieren. Ich rufe ihn sofort an.«

Keine fünf Minuten später stand jemand vor der Tür und sagte, dass der Pfarrer ihn angerufen habe und er zufällig in der Nähe sei. Er reparierte die Maschine in kürzester Zeit, sodass der Auftrag noch fristgerecht fertiggestellt werden konnte. Und was machten die Missionare? Sie strahlten um die Wette, dankten dem Herrn und priesen ihn für dieses Wunder.

Dass jemand in Südafrika zufällig in der Nähe war, um eine Knopflochmaschine zu reparieren, ist genauso wahrscheinlich wie wenn man bei dem Brand auf der Ölbohrplattform einen Bekannten anruft, der in London wohnt, welcher dann antwortet: »Kein

Problem, bin zufällig in einem Hubschrauber mit einem Team von Löschspezialisten auf dem Weg von Hamburg nach London und etwa 40 Kilometer von euch entfernt. Ich bin in vier Minuten bei euch.«

Ein Gedanke drängte sich in meinen Kopf: »Was, wenn all das passiert ist, damit das Ehepaar hier und heute davon erzählt, an dem einzigen Tag, an dem sie und ich gemeinsam in dieser Gemeinde sind, damit ich das höre und mich bekehre?«

Es fällt mir schwer, zu beschreiben wie ich mich in diesem Moment fühlte. Überwältigt, ergriffen, paralysiert, durchrüttelt, mit einem Herzschmerz erfüllt, den ich nie zuvor gefühlt hatte. Das Wort Zufall hat seit diesem Tag eine völlig neue Bedeutung für mich.

Mir war klar, dass ich niemanden kannte, der mir jetzt weiterhelfen konnte. Keiner aus meiner Familie oder meinem Bekanntenkreis hatte jemals etwas Ähnliches erzählt. Aber wenn jemand auch nur ansatzweise eine lebendige Beziehung zu Gott hätte, der müsste solche Dinge doch zumindest ab und zu erleben und davon erzählen, oder? Solche krassen übernatürlichen Dinge kann man doch nicht verschweigen, wenn man sie erlebt hat.

Am Ende des Gottesdienstes erzählte noch jemand, dass das Missionarsehepaar Weinert auch beim nächsten Velberter Missionsfest sein würde. Wer dorthin wolle, könne sich ja zu Fahrgemeinschaften zusammenschließen. Und ich entschied, dass die beiden wohl die Einzigen waren, die meine Fragen beantworten konnten. Beim Rausgehen nahm ich mir unauffällig einen Flyer vom Missionsfest mit. Wir fuhren zu meiner Oma, meine Gedanken drehten sich jedoch immer nur um das, was ich an diesem Vormittag erlebt hatte:

»Wo bist du da nur gelandet? Du bist doch ein intelligenter Mensch. Lass dich doch von solch einer emotionalen Entgleisung nicht aus der Bahn werfen. Das ist bestimmt eine Sekte. Du bist nur kurzfristig psychisch labil, warum auch immer. Stell dir nicht so viele Fragen, mach einfach weiter wie bisher. Warum solltest du deine Einstellung und dein Leben ändern? Dir geht es doch super, du hast doch alles, was ein Mensch nur haben kann. Komm runter, bleib wo und wie du bist, lass dich nicht verarschen.«

... und Gott beantwortete meine Fragen.

Meine Bekehrung

Einige Tage später hatten mich meine Gedanken immer noch nicht losgelassen. Ich schrieb die Gemeinde wegen des Missionsfests an und hoffte irgendwie darauf, dass mich so kurzfristig niemand würde mitnehmen können. Das Fest sollte am Vatertag stattfinden und ich wollte eigentlich mit meinen Freunden wandern gehen. Samt Druckbetankung und fest eingeplantem Exitus mit Filmriss. Dummerweise antwortete mir aber der Jugendpastor Josef. Zufälligerweise war noch Platz in seinem Auto. Also fuhr ich mit.

Es war eine alte evangelische Kirche, gefühlte 300 Jahre alt. Wir saßen oben auf der Empore in der ersten Reihe. Die Kirche war voll, ganz unterschiedliche Menschen waren gekommen: dicke und dünne, geschminkte Frauen und ungeschminkte, dunkelhäutige und hellhäutige, Männer in teuren Mänteln und Anzügen, Jugendliche, Pfadfinder und was die menschliche Vielfalt sonst noch zu bieten hatte.

Eine amateurhafte Band spielte, sie trafen nicht jeden Ton und legten auch noch eine mäßige tänzerische Performance hin. Aber sie hatten Spaß. Mit meiner ersten Gemeindeerfahrung hatte das wenig zu tun und auch sonst wurden meine Vorstellungen von Kirche einmal mehr gesprengt. Warum fahren über 1 000 Leute aus ganz Deutschland Hunderte von Kilometern hierher, um dann einen Stehplatz in dieser Kirche zu ergattern, anstatt entspannt auszuschlafen und im Bett zu frühstücken? Warum bin ich nicht im Bett geblieben? Und wo waren die Weinerts?

Statt des Missionarsehepaares betrat der durch seine Massenbekehrungen in Afrika bekannte Prediger Reinhard Bonnke die Kanzel. Ein junger, dynamischer Mann um die 70 Jahre. Erstaunlich, wie frisch er noch aussah. Als er anfing zu predigen, war dieses Gefühl wieder da. Dieses unbeschreibliche Gefühl, als ob mein Herz zerrisse. Ich spürte instinktiv, dass sich etwas Übernatürliches anbahnte.

Während Bonnkes Predigt stellte ich Gott einige Fragen und bekam innerhalb kürzester Zeit extrem komplexe und vollständige Antworten. Diese mischten sich irgendwie mit Reinhard Bonnkes Worten. Kaum etwas davon kann ich heute nachvollziehen, wenn ich mir die Predigtaufnahmen von damals anhöre.

Es fällt mir schwer, das, was da passierte, in Worte zu fassen. Entführ mal einen schlafenden nepalesischen Mönch, der sein Kloster noch nie verlassen hat, der weder Elektrizität noch Sonnencreme kennt, gib ihm etwas Koks und ein bisschen LSA, und dann setz ihn in Avatar 3D. Kurz bevor sein Gehirn implodiert, holst du ihn raus, setzt ihn mit Äther außer Gefecht und bringst ihn zurück in sein Kloster. Wenn er dann aufwacht, dann lass ihn mal erzählen, was er die Nacht so erlebt hat. So ähnlich ist das auch bei mir. Ich weiß nur: Was damals passiert ist, hat mein Leben komplett umgekrempelt.

Im Laufe dieses Buches werde ich immer wieder auf diesen Moment zurückkommen und von meinen Fragen und Gottes Antworten berichten.

—

Es war inzwischen später Nachmittag, Gott hatte mir in zwei Gottesdiensten einige Fragen beantwortet, aber längst nicht alle. Josef, seine Verlobte und ich gingen essen und redeten über den bisherigen Tag. Ich wollte noch so viel wissen:

- Wie kann man mit Jesus eine Beziehung führen?
- Wie soll es funktionieren, von ihm zu lernen, ihm zuzuhören, ihn zu spüren, mit ihm Freude und Leid zu teilen? Jesus war doch tot, meinetwegen auferstanden, aber selbst dann doch im Himmel?
- Was kommt wirklich nach dem Tod? Können wir Jesus umarmen, mit ihm über unser Leben, unsere Abenteuer und Entdeckungen quatschen?
- Wie war es damals, als die Apostel nach Pfingsten erfüllt vom Heiligen Geist loszogen? Und kann so etwas heute noch passieren? Wenn ja: Was genau passiert dann überhaupt?

Es gab noch einen dritten Gottesdienst an diesem Tag und nach allem, was bisher passiert war, hatte ich große Erwartungen. Ich spürte die Anwesenheit Gottes immer intensiver, je näher die Predigt von Bonnke rückte. Ich wurde richtig nervös, mein Herz schlug unfassbar schnell, es war wie ein ständiges Explodieren in mir.

Josef stand neben mir und ich sagte zu ihm: »Du, ich glaube, Gott hat heute zu mir gesprochen und mir zwei Dinge gesagt: Erstens möchte er mich gebrauchen und zweitens soll ich mich heute hier bekehren.«

Ich weiß nicht mehr, wie er reagierte, aber bei mir kehrte schlagartig Ruhe ein. Ich war irritiert: Wo war dieses krasse Gefühl hin? Warum war es weg? Und wie kommt es wieder?

Die Predigt ging an mir vorüber, keines der Worte sprach mich an. Ich ahnte, dass nun andere dran waren. Ich war entzückt und schwer beeindruckt, dass Gott ganze zwei Predigten verwendet hatte, um in voller Länge mit mir zu reden. Mit mir, einem Menschen, der gefangen war in einem System aus Lebenslügen, materiellen Annehmlichkeiten und innerer Leere.

Am Ende der Predigt kam der Aufruf, auf den ich die letzte Stunde gewartet hatte: »Wer heute sein Leben Jesus Christus geben möchte, der hebe die Hand.«

Ich reagierte sofort und meldete mich.

»Ich möchte nun die, aber wirklich nur die, die jetzt gerade ihre Hand gehoben haben, bitten, hier nach vorne zu mir auf die Bühne zu kommen.«

Ich ging nach vorne. Im Vorbeigehen gratulierten mir wildfremde Menschen, alle schienen glücklich darüber zu sein, dass ich nach vorne lief. Die Bühne füllte sich innerhalb weniger Minuten. Gottes Gegenwart war dort sehr stark. Ich ließ meine Tränen einfach laufen, über meine Wangen, an den Lippen vorbei und dann sonst wohin. Es war mir egal, was die Leute dachten. Wir beteten zusammen ein Übergabegebet.

ICH LIESS MEINE TRÄNEN EINFACH LAUFEN, ES WAR MIR EGAL, WAS DIE LEUTE DACHTEN! WIR BETETEN ZUSAMMEN EIN ÜBERGABEGEBET.

Als wir fertig waren, sah ich ein Loch in der Decke der Kirche, durch das Gott einen Lichtstrahl schickte. Der Strahl war etwa einen Meter breit und traf direkt auf meinen Oberkörper. Ich konnte direkt in die Herrlichkeit Gottes schauen. In diesem Moment wusste ich, dass Gott mir alle meine Sünden und Fehltritte vergeben hatte. Jesus Christus hatte durch seinen Tod am Kreuz das Böse besiegt, er war als fleckenloser Sohn Gottes in den Tod gegangen und trug meine persönliche Sünde ins Grab.

Was für eine fantastische Gewissheit, vor Gott gerecht zu sein. Es stand nichts mehr zwischen ihm und mir, ich konnte ihm direkt begegnen, seine Liebe spüren, seine Allmacht erkennen und seine Liebe empfangen. Während ich all dies wahrnahm, floss das Licht, das Gott durch die Decke der Kirche schickte, durch mich hindurch, es durchflutete meinen gesamten Körper, es floss in meine Arme und Beine und aus mir hinaus wie ein Fächer aus

Licht. Mein Herz wurde frei. Schwere Lasten bröckelten von mir ab. Alles, was ich an Groll, an Wut, an nachtragenden Gedanken in mir getragen hatte, vaporisierte sich.

Ich war frei und hatte absoluten Frieden.

2 DER SINN DES LEBENS – Wozu lebe ich überhaupt?

Als ich 18 Jahre alt war, sprach ich ein Gebet. Es war ein ganz besonderes Gebet, eine Art umgekehrtes Übergabegebet. Ich übergab mein Leben, aber nicht an Jesus, sondern ich forderte es vollständig für mich ein. Jeden kindlichen Glauben, der vielleicht noch in Restbeständen in irgendeiner hinteren Ecke meines Hirns verstaubte, kehrte ich hinaus.

Ich sagte: »Gott, ich habe nie etwas von dir bekommen und ab sofort soll alles, was ich tue, auf meiner eigenen Kraft gegründet sein. Ich werde es den fehlgeleiteten, sogenannten Christen zeigen und die Welt erobern.«

Das war's. Und tschüss, Religion.

Aber das war nur der erste Teil meines Manifests. Inspiriert von einem Kinofilm, erstellte ich mir eine Liste mit zehn Dingen, die ich erreichen wollte, bevor ich sterbe. Ausdrücklich aus eigener Kraft.

- Viel Geld besitzen, am besten millionenfach
- Chef sein
- einen Sportwagen
- ein großes Haus
- Freunde

- viele Frauen
- Partys, Spaß und Adrenalin
- Gesundheit
- Schönheit
- Ansehen

Was soll ich sagen? Etwa zehn Jahre später hatte ich alles erreicht. Ich studierte Maschinenbau und gründete eine Firma für Computerwasserkühlungen. An der Uni fand ich Freunde, wir feierten und gaben Vollgas. Alkohol wurde unser bester Freund, bald kamen andere Einstiegsdrogen dazu. Mit der Firma ging es steil bergauf, nach fünf Jahren waren wir Marktführer in Deutschland, zwei Jahre später Marktführer in Europa. Ein Konkurrent nach dem anderen ging pleite, aber ich rockte das Geschäft. Ich hatte mit einem Ein-Mann-Betrieb im Bastelkeller angefangen und war ohne Startkapital, aber dank eines Arbeitspensums von locker 60 Wochenstunden innerhalb von vier Jahren zum Millionär geworden. Ich kaufte mir ein Haus und kurz vor meinem 30. Geburtstag erreichte ich das letzte meiner zehn Lebensziele: Ich kaufte mir ein Audi S5 Cabriolet.

Es gab niemanden, der mir Grenzen setzte. Ich definierte meine Grenzen selbst. Ich war reich, gesund, sportlich, gut aussehend, eloquent, intelligent, einfallsreich. Ich war der König von Schloss Holte-Stubenbrock, meinem Heimatort. Ich hatte Partys und Spaß mit Frauen, wann und wo auch immer ich wollte.

Ich hatte es geschafft!

Doch ich war nicht glücklich. Ich hatte alle meine Lebensziele erreicht, aber es war nicht genug. Ich dachte mir die tollsten Dinge aus, wie ich mein Geld ausgeben könnte, aber nichts davon erfüllte mich. Mein ganzes Leben hatte ich gedacht, wenn ich erst weg bin von zu Hause, wenn ich erst mein eigenes Unternehmen habe, wenn ich erst reich bin, wenn mir die Frauen nachlaufen, wenn ich mein Traumauto habe ... dann bin ich glücklich. Aber jetzt hatte ich alles – und verstand nicht, warum ich innerlich immer leerer wurde. Es gab nichts mehr, was ich noch erreichen konnte. Mein Leben war komplett sinnlos geworden.

Es gibt einige Bibelstellen, die eine Antwort auf meine Situation damals geben. Die erste steht im Markusevangelium. Jesus offenbart seinen Jüngern, dass er sterben wird. Die hatten eher gehofft, dass Jesus das Land vom römischen Besatzer befreien und neuer König von Israel werden würde. Aber was sind solche Ziele verglichen mit Gottes Plan, die gesamte Welt zu retten? Jesus nimmt seine Jünger beiseite und erklärt ihnen: »Was nützt es einem Menschen, wenn er die ganze Welt gewinnt, dabei aber seine Seele verliert?« (Markus 8,36)

Kann ich dir sagen: Nichts.

Ganz ehrlich, die Welt zu gewinnen, macht schon eine Weile Spaß. Natürlich macht es Spaß, mit einem Audi TT um die Kurven heizen zu können, ohne sich um Schäden am Auto Sorgen machen zu müssen. Es ist schön, ein großes Haus zu haben oder sich zu Beginn einer Partynacht keine Gedanken machen zu müssen, ob das Geld auch reichen wird. Es wäre sicherlich auch nett gewesen, König von Israel zu sein, in einem hübschen Palast zu wohnen und Münzen mit dem eigenen Kopf im Profil prägen zu lassen. Aber das war halt nicht Gottes Plan. Jesus hatte eine Aufgabe, die weit über die schnöde Königswürde hinausging.

> WIR SIND NICHT AUF DER WELT, UM UNSERE EIGENEN WÜNSCHE ZU ERFÜLLEN. DAS IST NICHT DER SINN DES LEBENS.

Bei uns ist das auch nichts anderes. Wir sind nicht auf der Welt, um unsere eigenen Wünsche zu erfüllen. Das ist nicht der Sinn des Lebens. Ich weiß das, weil ich all die Dinge gewonnen habe, die für mich die Welt waren. Und trotzdem war ich nicht erfüllt oder glücklich. Im Gegenteil, ich war dabei, meine Seele zu verlieren, indem ich mir immer mehr und immer krasseres Zeug reinzog. Ich bin mir sicher: Nichts, was ich jemals in meinem Leben erreicht hätte, hätte mich erfüllen können.

In der Bibelstelle im Markusevangelium von eben geht es darum, nicht sein eigenes Leben ins Zentrum zu stellen, sondern für Gott zu leben. Für Gott zu leben, bedeutet übrigens nicht zwangsläufig, in Armut zu leben. Es gibt auch in der Bibel genügend wohlhabende Menschen, die das Gegenteil beweisen, zum Beispiel Abraham, Salomo oder Hiob. Aber ihr Besitz und Wohlstand war nicht ihr Lebensmittelpunkt. Bei mir war das komplett anders.

Inzwischen weiß ich, dass die Jagd nach Reichtum und materiellem Glück ein »Haschen nach Wind« ist. Luther verwendet diese Formulierung mehrfach in seiner Übersetzung des Buches Prediger aus dem Alten Testament. Dieses Buch stammt von Salomo und er wusste wohl wie kein Zweiter, dass alles weltliche Streben nur Haschen nach Wind ist. Mal ehrlich: Mein Reichtum ist ein Witz im Vergleich zu den Schätzen, die er im Laufe seines Lebens anhäufte. Aber auch seine Immobilien, seine Frauen, seine Partys, sein Geld – alles war letztendlich nichts wert. Dummerweise hat der weise Salomo am Ende seines Lebens seine eigene Weisheit vergessen. Er rücke Gott aus dem Zentrum seines Lebens und stellte stattdessen seine Frauen beziehungsweise deren Götter ins Zentrum.

Notiz an mich: Sollte ich anders machen. Egal, wie reich ich bin, Gott soll immer das Zentrum meines Lebens sein. Durch diese Einstellung ging ein guter Teil meines alten Lebens direkt in die Tonne. Mein neues Leben ist aber so unendlich viel besser als alles, was ich verloren habe.

Aufräumen mit meinem alten Leben

Zwölf Jahre nachdem ich mich als 18-jähriger Junge von Gott losgesagt hatte und alles alleine schaffen wollte, merkte ich, dass ich nichts alleine schaffe – und kehrte zu Gott zurück. Am 13. Mai 2010 gab ich mein altes Leben auf. Mein neues Leben ist radikal anders.

Lass mich das an einem Beispiel verdeutlichen. In den Tagen nach meiner Wiedergeburt (So nennen wir Christen manchmal unsere Bekehrung. Ab diesem Zeitpunkt haben wir schließlich ein neues Leben.) hatte ich einen starken Drang, mich von allem zu befreien, was nicht gut für mich ist. Nicht, weil mir irgendein Pastor gesagt hätte, ich müsse jetzt die Schritte zwei bis fünf des offiziellen Programms für frische Christen ausführen. Nein, ich hatte ja gar keinen Pastor. Ich hatte etwas viel Besseres: ein Herz, das mit Gott erfüllt war. Und dadurch wusste ich auch ohne Pastor, was zu tun war.

Zuerst arbeitete ich mein Bücherregal durch. Dort waren einige Bücher über neurolinguistisches Programmieren, was ich angewendet hatte, um Frauen ins Bett zu quatschen. Ich hatte Lebensratgeber, Werde-reich-Ratgeber, Bücher über verschiedene Weltanschauungen. Ich packte mir ein Buch nach dem anderen und fragte Gott: Was ist damit? Die Antwort kam sofort: Ein übles Gefühl in der Magengegend und eine leise Stimme: »Das kann weg.«

Mein Bücherregal wurde sehr leer – und das kam mir etwas seltsam vor. War mein Bewertungsgespräch mit Gott nur Einbildung? Also führte ich Stichproben durch und blätterte in einigen der aussortierten Bücher und las. Das Ergebnis: Die Inhalte der Bücher waren eindeutig gegen Jesus und proklamierten beispielsweise die Selbsterlösung durch Aufstieg in höhere Energielevel oder ähnlichen Bullshit.

Einige Zeit später war das Fassungsvolumen der Papiertonne erschöpft.

Weiter ging es mit meiner Bar. Ich hatte einen Kühlschrank und mehrere Regale mit vermutlich jedem gängigen Alkohol. Als meine Freunde bei mir zu Hause Party machten, spielten wir mal ein Spiel: Jeder musste der Reihe nach ein möglichst ekliges, alkoholisches Getränk nennen. Wenn wir es dann in meiner Bar finden konnten, musste jeder davon trinken. Tatsächlich fanden wir jedes genannte Getränk und gaben irgendwann auf. Meine Bar hatte gewonnen. Meine Sammlung war nicht nur sehr breit aufgestellt, sie wies auch erhebliche Qualitätsspitzen auf. Ich hatte angefangen, mich mit Whiskey zu beschäftigen, und teure Flaschen unterschiedlicher Altersstufen von Jack Daniels über Glenfiddich bis Highland Park reihten sich in meinem Regal auf. Ich hatte Krim-Sekt und Champagner, weil sich normalen Sekt ja schließlich jeder kaufen kann.

Weil es mir um das viele Geld etwas leidtat, schüttete ich nur die angefangenen Flaschen in die Toilette, die verschlossenen Flaschen schenkte ich zum Teil einer Freundin, die nur wenig Geld für ihre Geburtstagsparty hatte.

Es war die erste Party seit Jahren, auf der ich nüchtern blieb. Zuerst dachte ich ja, ich könnte die Gelegenheit nutzen, um mit meinen Freunden über Jesus ins Gespräch zu kommen. Doch recht bald war klar, dass ich das vergessen konnte. Mir war vorher nie aufgefallen, wie sich das Verhalten, die Wesenszüge, sogar der Charakter der Menschen mit ansteigendem Alkoholpegel verändern. Da knutschten dann zwei Personen im völligen Suff miteinander rum, obwohl sie beide feste Partner hatten – und einer davon sogar auf der Party war. Natürlich kriegte der das mit und es kam zu einer entsprechenden emotionalen Entgleisung mit Eskalationsstufe Rot. Im Laufe des Abends wurde immer freizügiger und hemmungsloser getanzt, nackte Bäuche wurden der

Allgemeinheit zugänglich gemacht. Am nächsten Tag durfte sich die Kläranlage über eine merkwürdig hohe Alkoholkonzentration im Abwasser freuen und ich brachte mehrere Kofferräume voll Premiummüll zum Glascontainer.

Als Nächstes war meine Blue-Ray-Sammlung dran. Auch hier hatte ich kein unerhebliches Kapital investiert und wieder tat es mir leid darum. Ich überlegte, die Filme einfach zu verkaufen, allerdings waren einige Filme nun wirklich nicht im Sinne des Schöpfers. Wollte ich ernsthaft Anteil daran haben, dass jemand diese Filme auch noch zu einem vergünstigten Preis erwerben konnte? Ich lagerte die Filme zunächst im Keller. Erst einige Monate später brachte ich es übers Herz, jeden einzelnen Datenträger zu zerbrechen, um wirklich sicherzugehen, dass diese unbrauchbar waren. Die Aktion brachte mir beinahe eine Sehnenscheidenentzündung im Handgelenk ein.

Und natürlich flogen auch alle meine Drogen in den Müll. Angefangen bei den Happy Pills über LSA-Samen, allen möglichen anderen Kräutern, bis hin zu der großen Box psychedelischer Pilze, mit der man ein ganzes Fußballteam für einen Abend ins Nirvana hätte katapultieren können. Ich dachte daran, mit welcher Mühe ich die Pflanzen kultiviert hatte, welche Freude ich an dem Wachstum und der Konservierung hatte, doch der Entschluss stand fest: Alles musste weg.

Ich hatte auch einige Kakteen, um Mescalin, eine halluzinogene Droge, zu gewinnen. Sie wollten nicht aus der Erde und piksten mich verzweifelt aus ihrem Selbsterhaltungstrieb heraus, doch sie hatten keine Chance. Die Wurzeln der drei kleinen grünen Mescalin-Kakteen waren zu meiner Überraschung schon etwa zehn Zentimeter lang gewesen, und auch oberirdisch waren die Pflanzen bereits einen Zentimeter gewachsen. Wie viel Hoffnung hatte ich in eine reiche Ernte gesteckt und nicht einmal ein Jahr später wäre diese Hoffnung sicherlich erfüllt worden. Nun hatte ich Hoffnung auf reiche Ernte an ganz anderer Stelle. Ich brachte das Zeug raus und packte den Müllsack in die Grüne Tonne.

»Wie viele Jahre würde man für diese Ansammlung an Drogen wohl bekommen«, dachte ich mir noch kurz, und betete, dass die Entsorgung vonstattengehen würde, ohne groß Aufmerksamkeit zu erregen.

Der wahre Sinn des Lebens

Nun, nicht alles änderte sich radikal. Ich behielt mein Haus, mein Auto und meine Firma. Und ja, Gott segnete mich auch weiterhin mit Reichtum. Aber dieser Reichtum und der Lebensstil, der damit verbunden ist, sind nicht mehr das Zentrum meines Lebens. Ich lebe nun in Demut vor unserem allmächtigen Gott und in der Gnade, welche er mir täglich erweist. Meine Dankbarkeit für den Stellvertretertod Jesu ist ungebrochen. Er starb, damit wir eine lebendige Beziehung zu Gott haben können und damit die Sehnsucht nach Sinn endgültig befriedigt wird. Alles, was ich für dieses neue Leben tun musste, war damals beim Missionsfest eine Entscheidung zu treffen und mein Leben Jesus zu geben.

Gott lässt uns unseren freien Willen, denn er möchte, dass wir uns für ihn entscheiden. Er möchte keine aufgezwungene Beziehung. Und diese Entscheidung müssen wir irgendwann in unserem Leben treffen, ganz egal, ob wir schon als Kinder im Kindergottesdienst waren, ob wir getauft worden sind oder ob wir uns erst mit 20 oder 30 Jahren oder wann auch immer zum ersten Mal ernsthaft mit Jesus und der Bibel beschäftigen.

GOTT LÄSST UNS UNSEREN FREIEN WILLEN, DENN ER MÖCHTE, DASS WIR UNS FÜR IHN ENTSCHEIDEN.

Es ist nicht so einfach, diese Entscheidung zu treffen. Ich habe mir sehr schwergetan, gezweifelt, mit mir gerungen. Diese Entscheidung kostet etwas, denn wir müssen unser altes Leben aufgeben. Und in dem Maße, wie Gott sich mir offenbarte, steigerte auch Satan seinen Schallpegel und redete mir allerhand Zweifel ein.

Wie du im ersten Kapitel lesen konntest, waren viele Menschen an meinem Entscheidungsprozess beteiligt. Das Missionarsehepaar Weinert zum Beispiel, die Leute aus der Gemeinde, meine Mitfahrer auf dem Weg zum Velberter Missionsfest, Reinhard Bonnke. Aber auch meine Eltern und Geschwister, die schon lange Christen waren und für mich beteten oder mir die Bibel schenkten oder mich in den Gottesdienst mitnahmen. Gott gebrauchte all diese Menschen, um mich zu ihm zu ziehen. Das macht er immer so und wird es auch weiterhin tun. Was, wenn das Missionarsehepaar sich dazu entschieden hätte, lieber ein Leben in Luxus und Reichtum in Europa zu leben? Was, wenn sie nicht hierher gekommen wären, um über ihren Glauben zu reden? Was, wenn es das Missionsfest nicht gegeben hätte? Was, wenn mich niemand dorthin mitgenommen hätte?

Ich weiß es nicht. Wahrscheinlich hätte Gott auf die eine oder andere Weise immer wieder versucht, meine Aufmerksamkeit zu erregen. Vielleicht hätte ich mich auch zu einem späteren Zeitpunkt noch für ihn entschieden. Aber immer hätte er Menschen dazu gebraucht. So arbeitet Gott. Schau in die Bibel rein. Von vorne bis hinten gebraucht Gott Menschen, um zu handeln.

Und so hat unser Leben hier auf der Erde einen ganz besonderen Sinn: Es geht darum, eine ewigkeitsrelevante Entscheidung für Gott zu treffen und die Vergebung durch Jesus Christus und seinen Tod am Kreuz anzunehmen. Außerdem sollten wir uns, wenn wir uns erst mal für Jesus entschieden haben, Gott zur Verfügung stellen. Wir sollen auf die eine oder andere Weise dabei helfen, Menschen von Jesus zu erzählen und ihnen dann dabei helfen, die gleiche gute Entscheidung für Jesus zu treffen, wie wir selbst. Das ist wichtig, denn diese Entscheidung ist oft umkämpft.

Nach meiner Missionsreise nach Indien dachte ich mir, es wäre eine gute Sache, etwas provokanter in der Öffentlichkeit aufzutreten. Also holte ich mir einen weißen Anzug und bastelte mit einem zweieinhalb Meter langen Bambusstab und etwas Pappe ein Schild: »Jesus rettet, heilt und befreit – heute!« Auf der Rückseite stand: »Ich bin der Herr, dein Arzt«.

So ausgestattet ging es auf die Straße. Klar, ich erregte Aufmerksamkeit. Die Menschen schauten mich an, aber es gab mehr verwirrte Blicke als konstruktive Gespräche. Mit einem jungen Mann sprach ich allerdings über den Glauben. Er war offen und interessiert, aber seinem Freund war die Situation scheinbar ziemlich peinlich. Der interessierte junge Mann hatte Knieschmerzen. Großartig, denn so konnte ich die in Indien mehrfach erprobte Heilungskeule auspacken und mal so richtig auf den Putz hauen.

Er setzte sich und ich beugte mich zu seinem Knie, um zu beten. Kraft floss, die Situation wurde spannend, die Atmosphäre änderte sich. Er war für eine kurze Zeit wie weggetreten. Sein Freund fand das alles nach wie vor ziemlich uncool. Aber der Schmerz war weg. Ich beeilte mich, ihm möglichst schnell das Evangelium zu erklären, aber sein Freund zerrte an ihm. Er gab sich geschlagen und die beiden verschwanden in der Masse.

Schade. Es hätte sein Tag werden können. Es hätte der beste Tag seines Lebens werden können. Aber er wurde daran gehindert, eine Entscheidung zu treffen. Immerhin hatte er eine Begegnung mit der Kraft Gottes und diese Begegnung hat definitiv Spuren hinterlassen. Vielleicht war es ein Baustein auf dem Weg zum Glauben, ein Glied in der Kette vieler Ereignisse, welche ihn am Ende zu Gott führten.

Sind wir etwa alle Evangelisten?

Auch wenn es wichtig ist, Menschen von Jesus zu erzählen, damit sie gerettet werden, sind nicht alle Christen Evangelisten. Die Sache mit dem Schild und dem Anzug funktioniert nur, wenn nicht alle Christen so rumlaufen. Nicht jeder Christ sollte wie das eine Ehepaar Weinert nach Südafrika gehen und nicht jeder muss an Missionseinsätzen nach Indien teilnehmen. Nein, Evangelisation ist ein viel breiteres Feld. Ich schreibe im nächsten Kapitel ausführlicher darüber.

Wenn wir uns Gott zur Verfügung stellen, dann bedeutet das auch, dass wir einander dienen, indem wir gute Musik schreiben, die Technik im Gottesdienst betreuen, das Klo in den Gemeinderäumen putzen, uns gegenseitig coachen oder bei Problemen helfen. Und auf viele, viele Weisen mehr. Auch solche Dinge geben unserem Leben Sinn, auch das gehört zu unserem Auftrag dazu.

Der Sinn des Lebens besteht außerdem darin, Gott besser kennenzulernen. Wie lernt man jemanden besser kennen? Indem man Zeit mit ihm verbringt. Ich lernte meine Frau Yuliya auf einer Bibelschule kennen (auch davon erzähle ich später im Buch genauer). Dort haben wir viele Gespräche geführt, noch bevor wir wussten, dass wir uns lieben oder füreinander bestimmt sind. Wir erlebten einiges gemeinsam, weil wir zur gleichen Zeit am gleichen Ort waren. Später schrieben wir uns Nachrichten und E-Mails und telefonierten miteinander. Und genauso funktioniert das auch bei Gott. Du kannst ihn besser kennenlernen, wenn du mit ihm redest, wenn du Zeit mit ihm verbringst, wenn du seine Nachrichten – also die Bibel – liest und wenn du Dinge mit ihm erlebst.

DER SINN DES LEBENS BESTEHT AUSSERDEM DARIN, GOTT BESSER KENNENZULERNEN.

Gott ist großartig, er hat es verdient, angebetet zu werden. Auch das ist Sinn des Lebens. Engel stehen vor seinem Thron und beten ihn an. Einen großen Teil der Ewigkeit werden wir mit Anbetung verbringen. Es ist eine gute Idee, das jetzt schon zu tun. Ich liebe Anbetung und habe auch immer wieder mal in Lobpreisbands gespielt. Aber es gibt Menschen, in deren Leben Anbetung eine viel größere Rolle spielt, deswegen berichte ich in diesem Buch nicht sehr ausführlich darüber. Es gibt andere Bereiche, in denen ich aktiver war und bin, zum Beispiel Evangelisation.

3 EVANGELISATION –
Soll ich etwa da rausgehen und von Jesus erzählen? Ich?

Ich weiß noch genau, wie sich mein erster Morgen als frisch gebackener Christ anfühlte. Ich stand putzmunter auf, bereit, in ein neues Leben zu starten. Mein ganzer Körper war bis in die letzten Spitzen randvoll mit Energie. Aber mein Besuch des Missionsfestes war nicht nur ein Wellness-Trip der etwas anderen Art. Ich war ein ganz neuer Mensch geworden. Im Büro erfuhr ich, dass eine Verwandte einer meiner Angestellten gestorben war. Das hätte mich früher nicht weiter gejuckt, aber nun fuhr ich zusammen mit einem anderen Angestellten vorbei, um nach ihr zu sehen. Ich wollte einfach Liebe weitergeben.

Außerdem platzte ich fast vor Aufregung, denn ich wollte die Sache mit Jesus endlich weitererzählen. Das Gespräch mit der trauernden Angestellten war noch nicht der richtige Zeitpunkt, aber am Abend hatte ich eine Tanzstunde. Ich holte meine Tanzpartnerin ab und hörte auf dem Weg eine Predigt-CD, die ich auf dem Missionsfest gekauft hatte. Vielleicht eine gute Gelegenheit, um auf das Thema aller Themen zu kommen. Aber als sie ins Auto stieg, machte ich die CD schnell wieder aus. Es war immer noch nicht der richtige Zeitpunkt. Auch auf dem Heimweg brachte ich keinen Ton heraus. Ich fuhr sie nach Hause und fragte mich frustriert, was da eigentlich schiefgelaufen war.

Da hörte ich plötzlich jemanden zu mir sprechen: »Besuch Simon und Melanie«, ein befreundetes Paar.

Ich reagierte sofort mit einer 180-Grad-Drehung auf der Kreuzung und fuhr zu ihnen. Sie waren tatsächlich zu Hause, dummerweise waren Melanies Eltern auch da, und wieder schien die Gelegenheit nicht zu passen. Wir unterhielten uns dennoch gut und als sich Melanies Eltern verabschiedeten, war mein Moment endlich gekommen.

Ich fragte: »Ist euer Sohn eigentlich getauft?« Und das Gespräch nahm seinen Lauf.

Zum ersten Mal konnte ich von Jesus erzählen und das machte mich so glücklich. Die Reaktion meiner Freunde hatte ich mir zwar anders vorgestellt, aber das war mir egal. Ich fuhr nach Hause mit der Gewissheit: Diese Nachricht muss ich einfach weitererzählen. Immer wieder.

———

In den Tagen danach redete ich fast täglich mit irgendjemandem über mein Erlebnis auf dem Missionsfest und darüber, was mir Jesus nun bedeutete. Ich ging weitgehend ohne Plan vor und ließ mich einfach von meinem Bedürfnis antreiben, anderen Menschen von Jesus zu erzählen. Vor allem sollten alle meine Freunde die Neuigkeiten erfahren. Denn früher hatte ich ihnen ja auch von meinen Drogenanbauerfolgen oder meinem neuen Auto erzählt. Wäre doch komisch, ein derart großartiges Ereignis jetzt für mich zu behalten, oder?

Gottes Stimme hörte ich jetzt häufiger. Davon erzählte ich allerdings niemandem etwas. Ich fand, es könnte der Verdacht aufkommen, ich gehöre in eine psychiatrische Klinik und sollte mit

Medikamenten vollgepumpt werden. Die Stimme war allerdings der Heilige Geist und seine Tipps waren wirklich sehr wertvoll. Denn Timing ist alles, wenn man Menschen von Jesus erzählen möchte. In ihrem vollgestopften Alltag gibt es oft nur einen kurzen Moment, in dem sie bereit sind, von Jesus zu hören.

Als rational denkender Westeuropäer stellte ich mir natürlich die Frage, ob meine Erlebnisse mit Gott nicht vielleicht doch nur Zufall oder Einbildung waren. Irgendwann gab ich mich aber der Gauß'schen Normalverteilung geschlagen: Wenn du nur einmal irgendwas in den Wind sprichst und dann tatsächlich eine Reaktion erlebst oder eine Antwort bekommst, könnte es sich um einen Zufall handeln. Wenn du aber in zehn Tagen zehn Mal erlebst, wie Gott handelt, dann bewegt sich die Wahrscheinlichkeit eines Zufalls gegen null. Spätestens nach 50 oder 100 solcher Erlebnisse musst du dich der Statistik beugen und akzeptieren: Gott existiert, er handelt und spricht mit uns. Jemand hat mal zu mir gesagt: »Wir Christen tun einfach so, als wäre die Bibel die Wahrheit.« Das nennt sich Glauben.

> DIE STIMME WAR DER HEILIGE GEIST UND SEINE TIPPS WAREN WIRKLICH SEHR WERTVOLL.

> Was ist nun also der Glaube? Er ist das Vertrauen darauf, dass das, was wir hoffen, sich erfüllen wird, und die Überzeugung, dass das, was man nicht sieht, existiert.
>
> *Hebräer 11,1*

Der Glaube ist der Anfang. Und dieser Glaube kann Berge versetzen. Mit der Zeit, mit jeder Gebetserhörung, mit jeder Wunderheilung, mit jedem Erlebnis mit Gott wird dieser Glaube weiter gefestigt. Bei mir ist er längst zur Gewissheit geworden.

Was habe ich den Leuten erzählt? Meine Geschichte. Ich habe ihnen erzählt, wie Gott mein Leben verändert hat. Dass mein

Leben jetzt einen Sinn hat. Dass Jesus für mich gestorben ist und mich gerettet hat. Ich habe erzählt, dass Gott einen Plan hat und dass ich eine Rolle in diesem Plan spiele. Ich habe davon erzählt, dass mein Leben mit dem Tod nicht mehr einfach so aus und vorbei ist, sondern dass dann ein ganz neues Leben beginnt und dieses Leben bis in alle Ewigkeit fortdauern wird. Dann habe ich den Leuten erzählt, dass sie genau das Gleiche erleben können. Dass Jesus auch für sie gestorben ist, dass Gott auch sie liebt, sie geschaffen hat und dass sie eine Rolle in seinem Plan spielen. Und dass am Ende auch auf sie die Ewigkeit wartet.

Es flossen oftmals Tränen. Das klingt ja auch alles viel zu schön, um wahr zu sein, oder? Diese Botschaft ist so einfach, so genial, so gut, dass sie zu Recht den Namen »die gute Nachricht« trägt. Und immer, wenn ich diese Dinge erzählte, kam eine tiefe Freude und Zufriedenheit in mein Herz. Ich beschloss deswegen, so schnell wie möglich allen meinen Freunden diese gute Nachricht weiterzusagen. Und einen nach dem anderen bat ich um ein Gespräch.

Goodbye Freundeskreis

Es dauerte nicht lange, da waren die Ersten nicht mehr bereit, mich zu treffen, und nach zwei Monaten wollte niemand mehr. Die Neuigkeit über den »veränderten Nathanael« hatte sich wohl rumgesprochen. Wasser statt Wein, Kirche statt Disco, Langeweile statt Partys? Nein, danke!

Ich war auf einem Geburtstag eingeladen und da ich ja keine Lust mehr auf Alkohol hatte, blieb ich nüchtern. Ich unterhielt mich gut, als ich von der Gesprächsgruppe nebenan mitbekam, wie sie über mich lästerten. Es ist das eine, über eine abwesende Person schlecht zu reden, wenn sie aber am gleichen Tisch sitzt und jahrelang dein bester Freund war, und sie dir zuhören kann, ist das eine ganze andere Nummer! Ich hätte jetzt stinksauer werden und einen Streit vom Zaun brechen können. Aber ich hatte stattdessen Mitleid. Ich dachte an all die Menschen, die Jesus damals persönlich begegnet waren, aber ihn dennoch abgelehnt hatten oder ihn sogar umbringen wollten.

Nach der Party fuhr ich nach Hause und wusste, dass es nicht möglich sein würde, meine Freunde zu behalten. Sie waren offensichtlich nicht in der Lage, sinnvoll mit der Situation umzugehen, und noch weniger bereit, ihren Lebensweg zu überdenken.

Plötzlich war ich sehr dankbar, dass Gott mir begegnet war und dass ich mich für dieses neue Leben hatte entscheiden können. Ich schaute auf mein Leben zurück und schwankte zwischen: »Hätte ich das mal besser eher gemacht« und »besser spät als nie«. Meine Freunde taten mir leid, aber sie waren nur ein weiterer Teil meines alten Lebens, den ich hinter mir ließ. Ich würde neue Freunde finden und ich würde Menschen begegnen, die Jesus noch nicht kannten, aber die mir zuhören würden.

DIE MENSCHEN ENTSCHEIDEN SICH ÜBRIGENS NICHT DESHALB FÜR JESUS, WEIL WIR DIE RICHTIGE EVANGELISATIONSSTRATEGIE ANWENDEN.

Ich weiß nicht mehr, wie vielen Menschen ich von Jesus erzählte. Manche nahmen die Botschaft an, andere lehnten sie ab. Das ist ganz normal. Und wir sollten uns nicht davon entmutigen lassen, wenn wir für unseren Glauben belächelt, abgelehnt oder sogar angefeindet werden. Es darf eben jeder seine eigene Entscheidung treffen. Die Menschen entscheiden sich übrigens nicht deshalb für Jesus, weil wir die richtige Evangelisationsstrategie anwenden. Es geht schließlich nicht darum, jemanden von einem Versicherungsprodukt zu überzeugen. Wer oft mit fremden Menschen über seinen Glauben spricht, gewinnt natürlich eine gewisse Routine, wahrscheinlich hat er Tricks auf Lager, wie er in bestimmten Situationen reagiert, vielleicht hat er eine Standardtaktik, die für ihn besonders gut funktioniert. Am Ende sitzt da gegenüber aber dennoch ein Mensch und wenn der seine Entscheidung nicht in seinem Herzen trifft, nützt auch die professionellste und spektakulärste Evangelisationsshow nichts.

Ich durfte das erleben, als ich gerade etwa drei Monate gläubig war. Ich nahm an einer Buscafé-Evangelisation teil. Das heißt, da steht ein Bus in der Innenstadt, vor dem Bus stehen Tische und Stühle, man kann sich setzen, Kuchen essen und Kaffee trinken – und über Jesus reden. Wir wurden genau geschult, wie wir die Menschen einladen sollten, um dann am Tisch bei einem Heißgetränk und einem Stück Gebäck ins Gespräch zu kommen. Dafür gab es sogar eine schriftliche Anleitung inklusive vorformuliertem Übergabegebet.

Für mich war das ja alles sehr neu und so mutete ich mir nicht zu viel zu, sondern beschränkte mich darauf, Leute anzusprechen. Als ich dann aber einen Mann gefunden hatte, der Lust auf Kaffee und Kuchen hatte, waren alle anderen Mitarbeiter bereits in Gespräche vertieft und so musste ich mich doch noch etwas stärker einbringen, als zunächst gedacht. Ich unterhielt mich mit dem Mann und versuchte, mich an den Leitfaden zu halten, was ich aber mal so gar nicht auf die Reihe bekam. Aber was soll ich sagen, er hörte mir dennoch zu. Als ich ihn am Ende fragte, ob er Jesus als seinen Retter annehmen wolle, sagte er tatsächlich Ja. Ich war total baff.

Hoppla, und nun? Braindead. Stillstand.

Wo ist nur dieses vorformulierte Gebet hin? Ähm, ich muss dann mal schnell was holen. Ein Übergabegebet frei formuliert? Wo kommen wir denn da hin? Am Ende ist es nicht gültig und der arme Kerl denkt, er wäre errettet, aber leider, leider war es das falsche Gebet.

Und so las ich ihm tatsächlich vom Zettel vor und er betete nach. So einfach kann es gehen, wenn der Herr das Herz berührt.

Mir war in dieser Situation vollkommen klar, dass meine unprofessionelle Darbietung ganz sicher keinen positiven Einfluss auf den Mann gehabt haben konnte.

All die Leitfäden, Ideen und Strategien sind nur Hilfsmittel für uns Menschen. Es fällt uns und unseren Gesprächspartnern eben leichter, in einer angenehmen Atmosphäre und mit Essen und Trinken miteinander ins Gespräch zu kommen. Wenn es einen Leitfaden gibt, an dem wir uns festhalten können, sind wir mutiger. Wir haben keine Angst mehr davor, die richtigen Worte nicht zu finden. Gott braucht diese Hilfsmittel nicht, aber er will mit uns zusammenarbeiten. Und unsere Bereitschaft dazu und unser Mut steigen manchmal, wenn wir Hilfsmittel und einen genauen Plan haben.

Auch Erfahrung und Routine sind natürlich äußerst hilfreich. In meiner Gemeinde gab es damals deswegen regelmäßig samstags einen evangelistischen Einsatz. Davon möchte ich dir noch kurz erzählen: Ich freute mich jedes Mal auf diese Einsätze, denn erstens traf ich meine neuen Freunde, zweitens hatten wir viel Spaß mit dem Heiligen Geist und drittens konnte ich selbst immer so krass auftanken, dass ich tagelang bester Laune war. Unsere Basis war ein Tapeziertisch, gut bestückt mit Bibeln, Prospekten und Broschüren in den verschiedensten Sprachen. Von hier schwärmten wir aus, um Menschen anzusprechen. Wir hatten ein paar Standardsätze auswendig gelernt, um ins Gespräch zu kommen. Das funktionierte gut, selbst wenn ich manchmal wirklich sehr nervös war.

Einmal fielen mir zwei junge Frauen auf. Ich gab mir einen Ruck und versuchte, möglichst angstfrei zu klingen, als ich sie ansprach. Während ich mit ihnen sprach, fragte ich mich, was ich da eigentlich redete. Ich hörte mir selbst zu und staunte, welch großartige Worte da aus meinem Mund kamen. Ich erzählte von Dingen, die ich noch gar nicht verstanden hatte, und hörte mir aufmerksam zu, um davon zu lernen. Nun, die beiden waren lesbisch, aber dennoch aufgeschlossen. Sie wollten allerdings wissen, wie denn Gott mit dieser Sünde umzugehen gedachte. Noch bevor ich denken konnte, antwortete mein Mund wie von selbst, dass es nicht darum gehe, frei von Sünde zu sein, sondern dass Jesus für alle Sünden gestorben ist und alles vergibt.

Ich erzählte von dem neuen Herz, dass wir geschenkt bekommen, wenn wir wiedergeboren werden. Den beiden Frauen traten Tränen in die Augen. Hatte ihnen noch nie zuvor jemand diese großartige Botschaft gesagt? Ich merkte, wie ich von Gottes Geist erfüllt war und wie diese Kraft zu ihnen rüberschwappte. Mein Herz schlug, mir wurde es warm und ich spürte Gottes Liebe für diese Menschen. Ich erzählte, wie ich seine Liebe erlebt hatte und wie mich das verändert hatte.

Wie beendet man so ein Gespräch? »Kommt in den Gottesdienst, ihr zwei Lesben und tut Buße«? Eher nicht. Ich war mir dennoch sicher, dass diese Begegnung ein Baustein für diese beiden geliebten Frauen war, auf dem Weg, eines Tages Gott persönlich zu begegnen. Ich hatte meinen Auftrag erfüllt.

Kopf, Hände und Füße der Evangelisation

Ich glaube, dass jeder Mensch mutig seinen Glauben leben und in seinem Umfeld seinen Glauben bezeugen sollte. Christen, deren Herz von Jesus verändert wird, leben schon auf eine Art und Weise, an der andere Menschen erkennen können, dass hier irgendetwas Besonderes ist. Es ist wichtig, dass unser Umfeld weiß, dass wir zu Jesus gehören. Ein solcher Lebensstil ist evangelistisch, egal, welchen Beruf man ausübt oder auch nicht ausübt. Natürlich gibt es Vollzeitevangelisten, die um die Welt reisen, Predigten halten, Bücher schreiben, mit Tausenden von Menschen kommunizieren und ebenso viele auf ihrem Weg zu Jesus begleiten. Aber Evangelisation ist so viel mehr als das.

Alles, was im Reich Gottes passiert, dient auf die eine oder andere Weise auch der Evangelisation. Natürlich gibt es weitere Aspekte, beispielsweise die Anbetung. Gott hat es einfach verdient, angebetet zu werden. Und natürlich gibt es Musiker, die kaum etwas anderes machen, als neue Lieder zu schreiben und anderen Menschen dabei zu helfen, Gott anzubeten. Auch dieser Musiker wird durch sein Leben andere für Jesus begeistern können.

ALLES, WAS IM REICH GOTTES PASSIERT, DIENT AUF DIE EINE ODER ANDERE WEISE AUCH DER EVANGELISATION.

Damals auf dem Velberter Missionsfest, wo ich Jesus mein Leben gab, sprach Reinhard Bonnke auch über Evangelisation. Er redete davon, dass Evangelisation Füße, Hände und einen Kopf habe. Ich saß auf meinem Platz und redete gerade über etwas ganz anderes mit Gott.

Ich fragte ihn: »Warum hast du mich all die Jahre über so gesegnet? Warum habe ich solchen beruflichen Erfolg?«

Aber die Antwort auf diese Frage ist ganz eng mit dem Thema Evangelisation verbunden.

Als Erstes sprach Bonnke über die Füße. Und mein Herz schlug schneller. Ich soll die Füße sein? In die Welt rausgehen, das Evangelium verkünden, Evangelist werden? Den Eindruck, den Gott mir in diesem Moment gab, wollte ich nicht wahrhaben und so antwortete ich: »Ich kann nicht die Füße sein!«

»Die zweite Säule sind die Hände«, fuhr Bonnke fort.

Mein Herz explodiert beinahe, das Gefühl von Gottes Gegenwart ließ mich in meinen Sitz zusammensacken, ich fühlte, dachte, empfand und sah mit einer Klarheit, wie ich es noch nie zuvor erlebt hatte.

Gottes Antwort auf meine Frage war so einfach wie logisch: »Ich habe dich all die Jahre gesegnet, damit du jetzt die Weltevangelisation finanziell unterstützen kannst.«

Und Gott sprach weiter zu mir, innerhalb von Sekunden, auf seine Weise artikuliert, in einer Atempause Bonnkes.

»Ich bin dabei, mein Reich zu bauen, heute mehr als jemals zuvor. Ich brauche Menschen, die sich finanziell in das Reich Gottes einbringen. Ich habe dich all die Jahre so gesegnet, damit du viel mehr hast, als du dir aus eigenen Möglichkeiten hättest jemals erschaffen können. Du bist so reich gesegnet, dass du auf die aberwitzigsten Ideen gekommen bist, wie man das Geld ausgeben könnte. Ich gebe dir jetzt die Möglichkeit, etwas wirklich Sinnvolles aus deinem Leben zu machen und dich mit dem Geld, das ich dir zur Verfügung stelle, an dem besten Investment zu beteiligen, das es gibt. Das Investment in mein Reich. Ich brauche dich, deinen Verstand, dein Herz, deine Gaben, deine Motivation, und ich werde durch dich arbeiten, dich segnen, damit du geben kannst. Ich werde dich beflügeln, damit du ein freudiger und selbstloser Geber bist. Jede Gabe, die ich in dich hineingesetzt habe, wird ihrer ursprünglichen Bestimmung folgen, sodass dein ganzes Leben ein Zeugnis meines Segens sein wird.«

Das war's. Damit hatte Gott mich gepackt. Er hatte zu mir gesprochen, und die Botschaft war ein Angebot, das man nicht jeden Tag bekommt. Ich war mir absolut sicher, dass dieses Gefühl, das in Sekundenbruchteilen aus meinem Herzen einen pulsierenden Vulkan machte, ein Gefühl der Gegenwart Gottes war. All die Jahre hatte mir niemand erzählt, dass man Gottes Gegenwart spüren kann. Und jetzt saß ich hier in einer Kirche, Gott war da, er sprach zu mir und gab mir auch noch einen Auftrag.

Dieses Gegenwartsgefühl verschwand, als Bonnke seinen Satz beendete: »… und die dritte Säule ist der Kopf.« Damit waren die Beter gemeint, die die Evangelisation im Gebet begleiten.

Ich saß heulend auf der Sitzbank und wusste nicht was ich tun sollte. Die Menschen rechts und links von mir schauten weiterhin gebannt auf Bonnke, ich hatte vor lauter Tränen einen ganz verschwommenen Blick. In den letzten 15 Jahren hatte ich nicht ein einziges Mal geheult, aber die Erlebnisse der letzten Tage waren einfach eine zu krasse Erfahrung.

Ich betete: »Gott, ich kann kein Evangelist sein, aber ich kann die Hände sein!«

Gottes Antwort kam prompt in Form eines klaren Gedankens: »Dann sei die Hände.«

Alle drei Teile der Evangelisation sind gleich wertvoll und funktionieren ohne einander nicht. Im Reich Gottes gibt es auch keinen Maßstab, dass zum Beispiel einer, der eine Millionen gespendet hat, eine größere Belohnung bekommen würde als jemand, der einen Evangelisten begleitet hätte. Auch der Evangelist selbst ist nicht wichtiger. Sie alle führen im Optimalfall nur die Aufgaben aus, die Gott ihnen eben zugeteilt hat. Wenn du glaubst, nichts zu haben, was du geben könntest und nur den schlichten Dienst des Gebetes wahrnimmst, so ist dein Teil nicht weniger wert als der, der anderen beiden. Gott schaut nicht auf deine Leistung, sondern er schaut auf dein Herz und darauf, ob du bereit bist, dich ins Reich Gottes zu investieren.

Ein wichtiger Teil der Evangelisation ist es, Zeugnis zu geben, also aus seinem Leben zu erzählen und wie Gott darin gewirkt hat. Menschen, denen ich begegne und die mich kennenlernen, können durch mich und mein Zeugnis Jesus kennenlernen. Zumindest ansatzweise. Das sollte bei jedem Christen so sein und mit der Zeit sollte Jesus immer deutlicher im Leben eines Christen sichtbar werden. Allein dieses Zeugnis, dass ich in diesem Buch gebe, kann schon Evangelisation sein. Ich habe es bereits vor vielen Leuten und bei vielen Gelegenheiten weitergegeben. In den vergangenen Jahren bin ich oft herumgereist und habe in Gemeinden, auf Konferenzen oder bei Evangelisationsveranstaltungen aus meinem Leben erzählt.

Noch ein Chapter bitte

Ein wichtiger Teil meiner Aufgabe, anderen Menschen vom Wirken Gottes in meinem Leben zu erzählen, war mein Sprecherdienst bei einer Gruppe, in der sich christliche Unternehmer zusammengeschlossen haben. »Christen im Beruf« nennen. In vielen Städten oder Regionen gibt es Untergruppen, die wir Chapter nennen. Meine Aufgabe bei »Christen im Beruf« war es, einige dieser Chapter in Deutschland und Österreich zu besuchen und auf den Treffen zu sprechen. Die Chapter-Treffen in Paderborn zum Beispiel waren regelmäßige Frühstücksrunden oder gemeinsame Abendessen in einem Hotel, bei denen Menschen wie ich aus ihrem Leben mit Gott berichteten, also ein Zeugnis gaben. Bei einem dieser Treffen lernte ich Andreas Bergeslow kennen, der nach einem Autounfall für tot erklärt worden war und es fünf Stunden lang auch blieb. Bis Gott ihn wieder zum Leben erweckte. Ich traf aber auch den Arzt Arne Elsen, der als Schulmediziner an Wunderheilung glaubt und sie selbst auch erlebt hat sowie viele andere beeindruckende und spannende Menschen.

Bei einem der Treffen sprach Baptist Deubner. Er erzählte sehr packend und rief am Ende dazu auf, Jesus als seinen Retter anzunehmen. Nun ja, es waren eigentlich nur Christen anwesend, aber wie der Zufall es wollte, waren in dem Chor, der den Abend musikalisch begleitet hatte, einige Menschen, die zwar in die Kirche gingen, aber ihr Leben noch nicht Jesus gegeben hatten. Und so wurde ich Zeuge eines sehr fröhlichen Ereignisses.

Diese Chapter schienen eine sehr gute Sache zu sein und das Konzept passte sehr gut zu mir: Unfromm, unkompliziert, natürlich, locker. Umso mehr freute es mich, als ich eine Einladung bekam, auch einmal als Gastsprecher bei einem Chapter-Treffen dabei zu sein. Ich erzählte meine Geschichte und Gott wirkte. Es war ein großartiges Erlebnis und ich war die ganze Rückfahrt wie elektrisiert. Ich war ekstatisch, fröhlich, dankbar und ich wollte unbedingt wieder ein Chapter besuchen und dort Zeugnis geben. Aber leider wurde ich nicht eingeladen und was sollte ich auch tun? Chapter abtelefonieren und von meinem grandiosen Auftritt erzählen, mich selbst als Sprecher anpreisen? Nein, danke. Ich musste also geduldig bleiben. Etwas traurig war ich aber schon darüber, nicht wieder so eine Chance zu bekommen. Ich bat Gott, mir bis Ende des Jahres eine Tür zu einem weiteren Chapter zu öffnen. Tatsächlich hatte ich innerhalb weniger Tage die Einladung zu zwei weiteren Chapter-Treffen im Posteingang. Die eigentlichen Sprecher hatten abgesagt, aber ich war ihnen als Ersatz empfohlen worden. Mann, was war ich dankbar. Ich hüpfte vor Freude durch das Haus. Was für eine Ehre, was für eine Antwort von Gott.

In den folgenden Jahren hatte ich zahlreiche Einsätze als Sprecher bei vielen verschiedenen örtlichen Chaptern. Ich wuchs als Sprecher und machte viele wichtige Erfahrungen. Ich lernte, dass Jesus immer derselbe ist und sich an seiner Botschaft nichts Bedeutendes ändert. Es gibt allerdings drei Variablen: Den Sprecher, den Zuhörer und die Art und Weise wie sich Gottes Gegenwart manifestiert. Obwohl meine Geschichte immer dieselbe war, erzählte ich sie jedes Mal ein bisschen anders. Eine Zeit lang war ich sehr frustriert über die Religiosität im Land und sprach sehr emotional darüber. Später war ich frustriert über unser politisches System und die Ungerechtigkeit in diesem Land und ließ entsprechende Erfahrungen in meine Vorträge einfließen. Die Zuhörer sind ein Faktor, welcher stets aufs Neue überrascht. Es gibt nichts Frustrierenderes, als voller Enthusiasmus von Jesus zu erzählen, vor 600 Zuhörern zur Umkehr aufzurufen – und dann festzustellen, dass alle bereits Christen sind. Manchmal verließen Menschen meine Vorträge vorzeitig und mit schüttelndem Kopf. Andere waren dankbar für jedes Wort, das ich zu ihnen sprach. Ja, man kann hier ein gutes Publikum haben und dort gegen eine

Wand reden. So ist das aber immer, wenn man Menschen von Jesus erzählt, egal wie viele zuhören.

———

Ich war spät dran. Ich hatte die Strecke zum Möhnesee total unterschätzt. Ich fuhr mit meinem Audi A1 und gab alles: 220 Stundenkilometer, wo immer es möglich war. Da sich der Wagen bei dieser Geschwindigkeit nicht mehr wirklich sicher anfühlte, betete ich während der ganzen Fahrt. Ich kam gerade noch pünktlich zum Teamtreffen eine Stunde vor Beginn der Veranstaltung. Wir gingen in einen Nebenraum, um uns abzustimmen und um gemeinsam zu beten. Wir standen im Kreis, ich schloss meine Augen und jemand fing an zu beten. Es fühlt sich großartig an, wenn Gottes Gegenwart spürbar wird und ich genieße es jedes Mal. Aber dieses Mal war es besonders heftig. Ein älterer bärtiger Mann betete und der Raum wurde komplett von Gott erfüllt. Es war der Wahnsinn! Mein Herz pochte und ich jubelte innerlich. Hätte ich nicht Vollgas gegeben, so hätte ich diesen Moment verpasst.

ES FÜHLT SICH GROSSARTIG AN, WENN GOTTES GEGENWART SPÜRBAR WIRD UND ICH GENIESSE ES JEDES MAL.

Wie benebelt vom Geist Gottes ging ich mit den anderen in den Vortragsraum. Das Treffen begann mit einem Frühstück und etwas später war ich dran. Es war wieder einer dieser Momente, in denen ich mir selbst beim Reden zuhören konnte. Ich haute Sachen raus, die ich vorher noch nie so gesagt hatte. Großartiges Zeug, das nicht auf meinem eigenen Mist gewachsen war, sondern direkt von Gott durch mich hindurch gejagt wurde. Nicht nur ich war begeistert, auch meine Zuhörer waren es. Es war, als ob der Himmel über diesem Ort weit geöffnet wäre und ein Stückchen von Gottes Herrlichkeit für uns greifbar sei.

»Es ist Gottes Wille, dass jeder hier heute gesund den Raum verlässt.«

Meine Güte, hatte ich das wirklich gesagt? Praktisch jeder stellte sich für das Heilungsgebet an und die Party startete so richtig, als eine Person nach der anderen Gottes Heilungsströme erleben durfte. Menschen sackten unter Gottes Gegenwart zusammen, Dämonen gingen – das waren Zustände wie in Indien. Eine Person wollte Jesus als ihren Erlöser annehmen, also betete ich ihr vor und sie betete mir nach. Ich befand mich zu diesem Zeitpunkt immer noch im Ich-höre-mir-selbst-beim-Sprechen-zu-Modus und so überraschte es mich auch nicht, dass ich Aussagen in das Gebet einbaute, die ich so nie in einem Übergabegebet formulieren würde.

Ich sprach ihm vor: »Ich trenne mich von der Marienanbetung.«

Der Mann betete: »Ich bete für die Ökumene in Deutschland.«

Ich dachte, ich höre nicht richtig. »Das habe ich dir aber gerade nicht so vorgesprochen«, erwiderte ich stutzig.

Da redete er sich um Kopf und Kragen, erzählte, dass er Katholik sei und dass ihm Ökumene wichtig sei und er war überhaupt nicht mehr der Mann, der noch wenige Minuten vorher Heilung erlebt hatte und Jesus annehmen wollte. Ich versuchte ihm klarzumachen, dass er nicht gleichzeitig Maria und Jesus anbeten und verehren könne.

Wir machten einen zweiten Anlauf, doch er konnte diesen Satz einfach nicht über die Lippen bringen und die Marienanbetung loslassen. Vermutlich mit einem sehr sparsamen Gesichtsausdruck und totaler Ratlosigkeit verabschiedeten wir uns schließlich. Das war der stärkste Moment, den ich jemals in Deutschland erlebt hatte. Gottes Gegenwart war so krass spürbar, es passierte so viel Heilung und Befreiung. Ich habe keine Ahnung, wie sich jemand in diesem Umfeld noch dem Besten, was ihm jemals passieren kann, nicht voll und ganz aussetzen konnte. Aber ich sagte es ja bereits: Die Entscheidung für Jesus ist oftmals sehr umkämpft und manch einem ist der Preis für dieses neue Leben zu hoch.

Ein paar Jahre später wurde ich erneut zum gleichen Chapter eingeladen. Ich war sehr gespannt auf diesen Termin und erwartete, dass etwas Ähnliches passieren würde. Meine Frau, die bei dem ersten Treffen am Möhnesee leider nicht anwesend sein konnte, war dieses Mal mit dabei. Wir fuhren dieses Mal rechtzeitig los, um ohne Stress anzukommen. Der Ort war der gleiche, das Leitungsteam war auch noch das Gleiche, aber das göttliche Momentum fehlte. Natürlich war Gott anwesend, natürlich wirkte er. Es war ein guter Termin mit Heilung und Bekehrung. Aber das, was ich beim letzten Mal erlebt hatte, wiederholte sich nicht. Schade, oder?

Ich war ehrlich gesagt etwas verwirrt und enttäuscht. Nach dem Treffen saßen wir mit einem Ehepaar aus dem Leitungsteam noch bei einem Mittagessen zusammen und redeten über den Vormittag und was wohl im Vergleich zum letzten Mal anders gewesen war. Ich versuchte lange zu verstehen, wie das Wirken Gottes, seine spürbare Gegenwart, ob Heilung passiert oder nicht, ob ein Mensch zu Jesus findet oder nicht, mit dem zusammenhängt, was wir Menschen tun. Hätten wir etwas anders machen müssen? Lag es am Gebet? Hat das Leitungsteam irgendwelche Fehler gemacht und dadurch ein kraftvolleres Wirken Gottes behindert?

Am Ende jedoch blieb bei mir eine Erkenntnis: Gott ist kein Computerprogramm, das auf Abruf immer die gleichen Ergeb-

> ICH VERSUCHTE LANGE ZU VERSTEHEN, WIE DAS WIRKEN GOTTES, OB EIN MENSCH ZU JESUS FINDET ODER NICHT, MIT DEM ZUSAMMENHÄNGT, WAS WIR MENSCHEN TUN.

nisse ausspuckt. Gott ist eine Persönlichkeit, der mit mir als Persönlichkeit andere Persönlichkeiten erreichen möchte. Er handelt souverän und alle anderen Beteiligten haben auch ihren freien Willen. All dies bringt eine Menge Variablen ins Spiel, sodass ich mir eine Vorhersage über den Verlauf oder Ausgang eines Events auch sparen kann.

Mein Dienst als Sprecher bei den verschiedenen Chaptern war in erster Linie zeugnishaft. Die meisten Zuhörer waren bereits Christen. Aber immer wieder war eben auch jemand dabei, der sein Leben ganz neu oder zum ersten Mal Jesus anvertraute. Das ist natürlich eine tolle Sache, und im Endeffekt spielt es ja auch keine Rolle, ob ein Event evangelistisch ist oder nicht. Wenn wir mit Gott unterwegs sind, uns von ihm gebrauchen lassen und die Dinge, die wir erleben, erzählen, wird das für Menschen, die Jesus nicht kennen, ansteckend sein.

Eigentlich immer, wenn ich Menschen von Jesus erzähle, spielt die Wunderheilung eine große Rolle. Egal, ob ich auf der Straße unterwegs bin oder vor vielen Menschen mein Zeugnis erzähle. Klar, das ist ein Türöffner. Wunderheilungen passieren ja nicht alle Tage. Zumindest nicht, wenn man nicht mit Gott unterwegs ist.

4 HEILUNG –
Ich so: Krankheit verschwinde in Jesu Namen

Eines Nachts wachte ich auf. Ich konnte mich kaum bewegen und nicht atmen. Eine schwarze Gestalt beugte sich über mich, hielt meinen Arm fest und drückte mich am Hals ins Kopfkissen. Mir war klar: Das muss ein Dämon sein, wie er auch in der Bibel beschrieben wird. Glücklicherweise wusste ich, dass Dämonen keine Chance gegen Jesus haben und auch nicht gegen uns.

Zumindest sagt Jesus in der Bibel: »Ich habe euch Macht gegeben, auf Schlangen und Skorpione zu treten.« Na dann.

Dumm nur, wenn man nicht sprechen kann, um diese Wahrheit in Anspruch zu nehmen. Ich versuchte es. Mein Hals schmerzte, mit letzter Kraft kamen langsam und unter großen Anstrengungen die Worte raus: »In Jesu Namen: Verschwinde!« – Sofort war der Spuk vorbei.

Das Ganze wiederholte sich zwei Nächte später noch einmal. Ich war stinksauer. Welches Recht hatte Satan, mir so zu begegnen? Auf Empfehlung meiner Mutter kam Claudia vorbei, die sich mit übernatürlichen Wohnungssäuberungen auskannte. Ich erzählte ihr von meinem kürzlichen Lebenswandel und berichtete von den nächtlichen Besuchern.

Da sagte sie: »Nathanael, es ist doch ganz normal, dass dir so etwas passiert, du hast früher schließlich Satan gedient.«

Ich dem Satan gedient? Ist klar, aber Sorry, ne. Ich dachte immer, ich wäre neutral wie die Schweiz? Ich war vielleicht nicht immer ein guter Junge, aber doch zumindest kein böser Satanist, oder? Da erinnerte ich mich an etwas, das ich in der Bibel gelesen hatte: »Wer mich nicht unterstützt, ist gegen mich, und wer nicht Seite an Seite mit mir arbeitet, arbeitet im Grunde gegen mich« (Matthäus 12,30).

Ups.

Claudia und ich gingen von Raum zu Raum, öffneten die Fenster und beteten. Ich merkte, wie sich etwas veränderte.

Im nächsten Zimmer sagte Claudia: »Jetzt betest du.«

Ich war schockiert. Gerade frisch Christ und ich sollte finsteren Mächten befehlen, mein Haus zu verlassen? Nun, irgendwie ging es. Ich spürte, wie sich die Dämonen wehrten, aber letztendlich fliehen mussten. Wir kamen zu meinem Schlafzimmer und ich betete länger als in den Räumen zuvor. Irgendwie schien es hier einen ziemlich starken Widerstand zu geben. Als ich aufhörte und das Fenster wieder schließen wollte, spürte ich, dass noch Dämonen im Raum waren.

Auch Claudia bemerkte es, denn sie sagte: »Nein, hier sind wir noch nicht fertig«, und fing erneut an zu beten. »Die sitzen unter der Matratze«, stellte sie anschließend fest und hob sie hoch.

Ich weiß, das hört sich ziemlich abgedreht an. Dämonen, die sich unter Matratzen verstecken? Aber damals waren sie genauso real wie alles andere – und tatsächlich hatte ich seit dieser Säuberungsaktion nie wieder Probleme in der Nacht. Eigentlich sollte niemand überrascht sein, denn in der Bibel lesen wir ganz ähnliche Geschichten. Auch Jesus hat Dämonen ausgetrieben, Menschen auf übernatürliche Weise geheilt und allerhand weitere Wunder vollbracht. Jesus hat außerdem versprochen, dass wir noch größere Dinge tun werden, als er getan hat. Mal abgesehen von seiner Rettungstat am Kreuz, die ist nun wirklich nicht zu toppen.

Wenige Wochen nach diesem »Exorzismus« erlebte ich auch meine erste Heilung. Meine Mutter rief an und klagte über starke Kopfschmerzen. Sie war dabei, Morphium- und Kortison-Tabletten, die sie wegen einer andauernden Erkrankung nehmen musste, schrittweise abzusetzen, und litt nun unter den unangenehmen Entzugserscheinungen. Meine Mutter erwartete doch allen Ernstes, dass sie durch mein Gebet geheilt würde. Ich bezweifelte das stark. Zwar waren die Dämonen nachhaltig verschwunden, doch das hier war eine andere Hausnummer und außerdem hatte ich Claudia nicht dabei.

Mit einem mulmigen Gefühl fuhr ich zu meiner Mutter, wir unterhielten uns und da ich nicht viel Zeit hatte, kam der Moment des Gebetes

> MEINE MUTTER ERWARTETE ALLEN ERNSTES, DASS SIE DURCH MEIN GEBET GEHEILT WÜRDE. ICH BEZWEIFELTE DAS STARK.

schnell näher. Nun gut, dachte ich mir, wenn ein böser Geist verschwinden kann, dann vielleicht ja auch Kopfschmerzen. Also legte ich ihr meine Hand auf den Kopf und fing an zu beten. Ich spürte nichts. Was nun?

Meine Mutter unterbrach meine Gedanken, indem sie sagte: »Vielen Dank, die Schmerzen sind weg.«

Ich war schockiert. Jesus hatte tatsächlich durch mich eine Person geheilt. Er hatte mich gebraucht, um ein Stück vom Himmel auf die Erde zu bringen. Mir dämmerte, dass für Jesus die persönliche Qualifikation anscheinend nicht so wichtig ist. Entscheidend ist vielmehr, dass jemand dort ist, wo Gott gerade wirken möchte und vor allem auch bereit ist, ihm zu dienen.

Ein Babychrist als Gastsprecher?

Ich war nach meiner Bekehrung häufiger in einem charismatischen Glaubenszentrum mit Bibelschule zu Besuch. In der Bibelschule gab es mehrmals im Jahr einen Erweckungsgottesdienst. Dazu wurden Gastsprecher eingeladen und die Bibelschule öffnete sich auch für Besucher, zu denen auch ich mehrfach gehörte. Die Veranstaltungen waren oftmals sehr gut besucht und es wurde einiges geboten: prophetisches Gebet, Heilungsdienst, Befreiung, Bekehrung. Man könnte auch sagen: Gott war erlebbar. Nun hatte ein paar Wochen vor dem Erweckungsgottesdienst der Gastsprecher abgesagt und irgendwie konnte sich der Bibelschulleiter Gerry Klein nicht dazu durchringen, einen anderen Sprecher zu buchen.

Es vergingen mehrere Wochen und immer wieder fragten die Leute: »Und, wer wird der Gastsprecher sein?«

Als Gerry eines Tages über den Innenhof der Bibelschule ging, sprach der Heilige Geist zu ihm, dass er zwei Bibelschüler und mich den Gottesdienst leiten lassen solle. Was für eine abwegige Idee. So was war absolut unüblich.

»Was, ich soll Gastsprecher sein?« Ich war schockiert, als mich die Anfrage erreichte.

Normalerweise erhielten nur bewährte Prediger diese Ehre, aber doch kein Babychrist. Klar, ich hatte eine Missionsreise nach Indien hinter mir und auch sonst einiges zu erzählen. Trotzdem war ich baff. Viele schüttelten unverständlich den Kopf über diese seltsame Entscheidung. Wir drei taten, was wir konnten: beteten, planten und trafen uns dann am Samstagnachmittag vor dem Gottesdienst als Team noch einmal und Gottes Gegenwart kam über uns.

Wir hielten inne und fragten Gott, was er eigentlich machen möchte. Da sah ich vor meinem inneren Auge einen Menschen, der mit dem rechten Bein humpelte und ein Problem in der linken Brusthälfte oder der Lunge hatte.

»Hat jemand was empfangen?« Niemand reagierte.

Irgendwann rückte ich sehr vorsichtig mit meiner Geschichte heraus, weil sie ja schon sehr speziell war. Da niemand sonst einen Eindruck hatte, berichteten wir dem Bibelschulleiter: »Wir haben von Gott etwas empfangen, er möchte heute jemanden heilen, der am rechten Bein und der Lunge Probleme hat.«

Nach dem Ende der Predigt kam Gerry auf die Bühne, um in der Öffentlichkeit anzukündigen, dass es eine Person gebe, die heute geheilt werden würde.

»Wow, ziemlich zuversichtlich«, dachte ich mir anerkennend.

Als er dann jedoch mich auf die Bühne rief, um das wiederzugeben, was ich in der Vorbereitungszeit im Gebet gesehen hatte, wurde mir ganz anders zumute. Warum ich? Ich hatte eher damit gerechnet, dass er selbst oder einer seiner erfahrenen Mitarbeiter die Sache übernehmen würde. Er gab mir das Mikrofon und ich wiederholte, was ich ihm gesagt hatte. Danach konnten die Besucher für sich beten lassen. Auf der einen Seite, vor dem Kreuz, konnten sie ihr Leben Jesus geben. In der Mitte wurde für Heilung gebetet und auf der anderen Seite konnte man die Taufe im Heiligen Geist empfangen. Es war üblich, dass auch der Gastsprecher für Gebete zur Verfügung stand und ich stellte mich in die Mitte zu den anderen aus dem Gebetsteam, um für Heilung zu beten.

Die erste Person, die vor mir stand, sagte: »Kannst du mir vormachen, wie die Person gehumpelt ist?« Das tat ich und er stellte fest: »Das bin genau ich!«

Er erzählte mir seine Leidensgeschichte, aber ich war irgendwie abwesend. Dieser Mann würde jetzt gleich vollständig geheilt werden. Hoffen, Bangen, Zittern? Nein, Wissen! So legte ich ihm meine Hand auf und spürte, wie Kraft floss. Der Mann wurde warm, fing an, heiß zu werden, zu schwitzen, zu wanken, Gott war da.

»Teste mal, ob es besser geworden ist.«

Er atmete, lachte, bewegte sich und freute sich. Sein Grinsen zog sich über sein ganzes Gesicht und sagte: »Und jetzt werde ich da drüben hingehen und mir die Taufe des Heiligen Geist abholen.«

Komischerweise kamen nach ihm noch weitere Personen, die über genau die gleichen Probleme klagten – und geheilt wurden.

In der Nachbesprechung des Gottesdienstes wurde es noch bunter. Die meisten Mitarbeiter hatten tolle Dinge zu berichten, etwa wie Menschen im Heiligen Geist getauft wurden und anfingen, in Zungen zu beten. Im Heilungsteam berichtete einer:

»Der Eindruck von Nathanael war super, die Person ist zu mir gekommen und wurde geheilt.«

Ein anderer entgegnete: »Das ist ja lustig, bei mir war auch einer mit dem gleichen Problem, der geheilt wurde.«

Ein weiterer sagte: »Wie kann das sein, ich war total aus dem Häuschen, weil bei mir zwei dieser Personen waren!«

Als ich das hörte, war ich endgültig bedient. Das war krass. Das war stark. Das war unerklärbar.

Ich muss gestehen, dass mich solche Erlebnisse euphorisieren. Wer braucht schon einen Drogenkick, wenn er so etwas haben kann? Aber diese Freude ist eigentlich nichts Verwunderliches. In der Bibel lese ich auch davon, dass da eine »große Freude in der Stadt« (Apostelgeschichte 8,8) war, wenn die Apostel auftauchten. Warum? Weil Menschen von Gott berührt wurden, Schmerzen verschwanden, Depression geheilt und Sünden vergeben wurden, weil Dämonen fliehen mussten und so weiter. Das volle Programm. Real. Erlebbar. Echt. Damals wie heute.

ES MACHTE SICH FREUDE BREIT. WEIL MENSCHEN VON GOTT BERÜHRT WURDEN. REAL. ERLEBBAR. ECHT. DAMALS WIE HEUTE.

Und weil mir das eine solche Freude bereitete, war mir kein Weg zu weit, um bei Straßeneinsätzen oder sonstigen evangelistischen Aktionen mitzumachen. Wenn wir uns abends nach einem solchen Event austauschten und darüber sprachen, was jeder erlebt hatte, galt das Motto: Geteilte Freude ist doppelte Freude! Abgefahren, was Gott an einem Tag oder auch nur Nachmittag tun konnte, wenn sich eine Handvoll Menschen ihm zur Verfügung stellten.

Kaum war ein Einsatz beendet, freute ich mich schon auf den nächsten Einsatz, weil ich mir sicher war, dass Gott wieder großartige Dinge tun würde. Diese Freude führte irgendwann zu einer konstanten Freude, selbst wenn ich einmal gar nicht mit Gott auf der Straße unterwegs war. Ich führte ein Leben in Kooperation mit dem lebendigen Gott, das von Freude, Spannung und Abenteuer geprägt war.

Kasachstan, Indien, Münster – Heilung rund um den Globus

Von meiner ersten Indienreise habe ich ja bereits erzählt. Die zweite war nicht weniger spektakulär, aber immer die gleichen Geschichten, würden auf Dauer sicher langweilen. 2012 reiste ich mit einem Team von Bibelschülern nach Kasachstan. Ich war sehr motiviert und gespannt darauf, zu sehen, wie sich das Königreich Gottes verbreiten würde und wie Gott durch uns wirken wollte.

Die ersten paar Tage kamen wir in einer kleinen Gemeinde eines Dorfes unter. Wir predigten das Wort Gottes und beteten für Kranke und für Menschen in verschiedenen Nöten. Die Gemeinde hatte auch eine Frau aufgenommen, die gezeichnet war von einer brutalen Vergewaltigung. Sie fragte nach Gebet und natürlich waren wir sehr gerne bereit dazu. Doch auf einmal manifestierten sich Dämonen, die Frau schrie, zappelte und war nicht mehr sie selbst. Wir befahlen den Dämonen zu gehen. Die Frau sackte zusammen. Wir legten sie hin, dann verließen ich und die anderen

Männer den Raum und ließen die Frauen alleine. Eines unserer Teammitglieder grinste von einem Ohr zum anderen.

Als ich ihn nach dem Grund fragte, antwortete er: »Ich habe gerade gesehen, wie Gott sie geheilt hat!«

Und tatsächlich ging es der Frau viel besser.

Aufgrund dieses Erlebnisses waren viele andere Menschen offen für Gebet. Sie schütteten ihre Herzen vor Gott aus und erwarteten Heilung. Eine Frau war sehr frustriert und fertig mit ihrem Leben. Ich merkte, dass es sich aber nicht um eine Krankheit oder dämonische Kräfte handelte, sondern dass die Frau einfach nur freigesetzt werden musste, um in ihrem Leben bessere Entscheidungen treffen zu können. Ich erklärte ihr das, wir beteten für sie und Gott berührte sie. Sie fing an zu weinen, aber es war kein schmerzerfülltes Weinen, kein leidendes Weinen, sondern ein heilsames Weinen. Der gesamte Schmerz, der sich jahrelang angesammelt hatte, floss in vielen Tränen aus ihr heraus. Als sie sich ausgeweint und beruhigt hatte, strahlte sie.

Wir hatten noch eine dritte spektakuläre Begegnung. Das Bibelschulteam war bereits im Vorjahr im gleichen Ort im Einsatz gewesen. Damals hatten sie im Vorfeld gebetet und ein Teammitglied hatte im Gebet eine Frau gesehen. Sie konnte genau ihr Äußeres beschreiben, was sie erlebt hatte und welche Probleme sie plagten. Das Team machte sich auf die Suche nach der Frau, fand sie und betete für sie. Nun kam die Frau zurück und erzählte, dass der Krebs, von dem sie geheilt worden war, auch ein Jahr später nicht wieder aufgetaucht war. Sie wollte erneut Gebet, allerdings wegen eines anderen Anliegens.

Als wir dann aber zu beten begannen, manifestierte sich erneut ein Dämon. Mitten im gut besuchten Gottesdienstraum. Die Frau verlor die Kontrolle über sich und fuchtelte wild herum, schrie und fing an, sich an ihren weiblichen Geschlechtsteilen zu rubbeln. Für wohlbehütete Bibelschüler war das sicherlich ein recht schockierender Anblick. Aber wir schickten die Dämonen fort und kurze Zeit später war auch dieser Spuk vorbei. Die Frau ging erleichtert und fröhlich nach Hause. Ich würde gerne wissen, ob sie durch unser Gebet komplett befreit wurde und wie sich ihr Leben seitdem entwickelt hat. Leider flog ich nicht wieder nach Kasachstan.

———

Wenn du solche abgefahrenen Sachen erlebst, wirst du mit der Zeit ganz von selbst immer durchgeknallter. Meine Güte, wenn ich an mein erstes Heilungsgebet zurückdenke. Vielleicht ist »durchgeknallt« aber das falsche Wort und ich sollte lieber »reif« sagen? Es geht ja darum, dass der Glaube wächst und man Gott immer mehr zutraut.

Ich habe ja bereits von meinen Einsätzen als Sprecher bei den Chaptern der Christen im Beruf erzählt. Ich war zu einem Treffen nach Münster eingeladen. Die Veranstaltung fand in einem Restaurant statt, das einem brennenden Christen gehörte, der es kostenlos zur Verfügung stellte. Eine Kamera nahm alles auf und ich erzählte meine Geschichte und auch von dem einen oder anderen Heilungswunder, das ich erlebt hatte, und demonstrierte vor laufender Kamera, dass Jesus auch heute noch heilt. Da war eine Frau, die schon lange an Migräne litt und die geheilt wurde. Weil das so großartig funktionierte, wurde ein Mann nach vorne gebracht. Ich schluckte, denn der Mann saß im Rollstuhl und konnte nicht mehr selbstständig laufen. Konnten die nicht ein paar Leute mit Bandscheibenvorfällen oder Bauchschmerzen oder Krebs bringen? Ich war erleichtert, als ich nur für seine Augen beten sollte. Tja und dann, als ich für ihn betete, hatte ich plötzlich diesen Eindruck und ich sagte einfach zu ihm: »Steh auf und geh.« Und er stand auf und ging. Die Kamera lief noch immer. Die eine Hälfte des Ladens fiel in Schockstarre, die andere drehte durch vor Freude.

Wochen später bekam ich einen Anruf: »Der Mann läuft übrigens noch immer. Es ist ein echtes Heilungswunder!«

Heilungsgebet mit kurzer Wirkung

Der Pastor und die Ältesten meiner Gemeinde bekamen bald mit, dass sich erstaunliche Dinge in meinem Leben ereigneten, Kranke gesund wurden und Dämonen keine Chance hatten. Sie beriefen mich in den Heilungsdienst und so stellte ich mich nach den Gottesdiensten an den Gebetspunkt im hinteren Bereich unseres Saales. Kopfschmerzen mussten gehen, Knieschmerzen auch. Jegliche Art von Krankheit musste die Menschen verlassen. In Jesu Namen, Amen. Easy.

Dieser Dienst war so erfolgreich, dass wir einen besonderen Gottesdienst organisierten, in dessen Anschluss Menschen mit zwei Personen aus dem Gebetsteam eine ganz intensive, persönliche Gebetszeit haben konnten. In einem ruhigen Nebenraum konnten sie sich aussprechen. Die Menschen redeten sehr lange und intensiv über ihre Probleme und wir versuchten, mit Gebet, Ratschlägen und Prophezeiungen zu helfen. Auch das war eine gute Sache und wir veranstalteten weitere solcher Gottesdienste.

HATTEN ADRENALIN ODER EIN PLACEBO-EFFEKT SCHMERZEN UND GEBRECHEN KURZFRISTIG AUSGEBLENDET?

Es war ein Schock für mich, als sich die Besuche der Leute wiederholten – mit denselben Anliegen. Kopfschmerzen, Magenprobleme und so weiter kehrten zurück. Ich zweifelte alle meine bisherigen Heilungserlebnisse an. Hatte es sich nur um eingebildete Wunder gehandelt? Hatten Adrenalin oder ein Placebo-Effekt Schmerzen und Gebrechen kurzfristig ausgeblendet, aber nach wenigen Tagen war alles wieder beim Alten? Diese Möglichkeit konnte ich nicht ausschließen, denn ich sah die meisten Leute nicht wieder. Aber ich sah eine Menge Leute, die wiederkamen, weil die Heilung nicht von Dauer war.

Was ist davon zu halten, wenn Kopfschmerzen verschwinden, die Person aber zwei Monate später sagt: »Ja, das war schön, aber die Schmerzen sind jetzt wieder da.«

Was soll es bedeuten, wenn jemand unter Gebet und Buße seine Zigaretten entsorgt und dann drei Monate später sagt: »Ne, das hat leider nicht geklappt, nach zwei Wochen habe ich wieder angefangen«?

Reicht Gottes Macht etwa nicht für eine dauerhafte Heilung? Hat der Teufel die Heilung geklaut? Ist die Person selbst schuld, weil sie die Heilung nicht im Glauben aufrecht gehalten hat? Oder wurde die Heilung durch Sünde verwirkt? Ich sollte lange Zeit keine Antwort auf meine Fragen erhalten. Im Gegenteil. Ich erlebte auch an anderer Stelle, dass eine Wunderheilung nicht von Dauer war.

Distanzheilung in Afrika

In unserem Hauskreis ging lange Zeit die Post ab. Zum Beispiel wurde eine Person mit Bandscheibenvorfällen komplett geheilt. Seine Leidensgeschichte war allen bekannt, und eines Tages sagte der Heilige Geist während unserer Lobpreiszeit zu mir, dass jetzt der Moment gekommen wäre, für ihn zu beten. Ich ging zu ihm hin und legte die Hand auf seinen Rücken. Es wurde sehr warm und ein starker Strom durchfloss meinen Arm. Er war schmerzfrei und blieb es, soweit ich weiß dauerhaft.

Aber irgendwann erlebten wir auch andere Dinge. Eine Teilnehmerin hatte eine Familie in Afrika und bekam die Nachricht, dass ihre Schwester mit Krebs im Endstadium in ein Krankenhaus eingeliefert worden war. Es war so schlimm, dass sie schon innere Blutungen hatte und vermutlich in den nächsten Tagen sterben würde. Es gab aus medizinischer Sicht nichts, was ihr hätte helfen können. Wir beteten für sie, ohne dass diese davon wusste. Wir machten erst mal ordentlich Lobpreis und proklamierten dann Heilung für sie. Ich fing an, den Krebs auszulachen und die anderen lachten mit. Das ist in Ordnung, denn Lachen gehört zu Gott. Er ist immer gut drauf. Er ist glücklich. Freude ist ein Dauerzustand im Himmel, und wir beten doch so oft: Wie im Himmel, so auf Erden. Auf einmal wusste ich, dass die Krebskranke in Afrika in diesem Moment geheilt worden war. So fingen wir an, Gott zu danken für das, was er soeben getan hatte.

Wenige Tage später telefonierte die Teilnehmerin mit ihrer Schwester.

Sie war am nächsten Morgen wieder untersucht worden und der Arzt sagte: »Es tut mir leid, aber unser Gerät ist defekt, es kann den Krebs nicht mehr finden.«

Sie wurde ins nächste Krankenhaus geschickt, aber auch dieser Arzt sagte: »Ich kann keinen Krebs feststellen, aber ich kann erkennen, dass hier mal Krebs war.«

Ihre ganze Familie drehte förmlich durch vor Freude, als sie das hörten. Ich erinnere mich sehr gut an die Sprachnachrichten aus Afrika: All die Freude, der Dank, die Freudentränen und das übereinstimmende Fazit, dass Gott gut ist.

Etwa neun Monate später bekamen wir wieder Nachricht aus Afrika. Der Krebs war zurück. Was nun? Wir waren ratlos. Und niemand war motiviert, erneut ein Heilungsgebet loszuschicken. Hoffnungslosigkeit breitete sich aus. Die Fragen, warum so etwas passierte, kamen wieder hoch. Und wir hatten immer noch keine Antworten. Allerdings sollte das nicht so bleiben.

Eigenverantwortung ist die Antwort

»Ich bin schwanger«, rief mir meine Frau freudestrahlend zu, als sie einige Monate nach unserer Hochzeit in mein Büro kam.

Wow. Ein ganz neues Kapitel unseres Lebens begann.

Als verantwortungsbewusster Vater hatte ich direkt eine Frage an Gott: »Wie soll ich mein Kind gesund großziehen?«

Denn der Normalzustand, den ich kannte, war, dass Kinder regelmäßig krank waren: Husten, Pseudo-Krupp, Durchfall, Mittelohrentzündung, Schreikrämpfe in der Nacht, Allergien, Lebensmittelunverträglichkeiten und Sehschwächen. Der normale Wahnsinn in deutschen Kinderzimmern. Warum musste das so sein?

Gott zeigte mir am Beispiel meines Sohnes wie er, der gute Vater, wirklich ist und denkt. Mein Sohn zerlegte so einiges, leider oftmals irreversibel. Dann war das Spielzeug kaputt oder verloren gegangen – das Geschrei war groß, der Herzschmerz da. Ich reagierte, wie es ein liebevoller Papa eben tut: Ich kaufte ein neues Spielzeug. Das ist Gnade. Zwei Wochen später ging ich den gleichen Weg erneut zum Spielzeugladen und fragte mich, wie häufig ich das wohl noch machen würde. Also sollte mein Sohn lernen, dass seine Handlungen Konsequenzen haben.

Ich erklärte ihm: »Dies ist nun das dritte Spielzeug, solltest du es erneut zerstören oder verlieren, war's das. Dann gibt's kein neues.«

Er schaut mich ungläubig an und wenige Minuten später starb das Spielzeug den Heldentod. Die Tränen kullerten und dem Entsetzen wurde unüberhörbar Raum gegeben: »Warum gibt es kein neues Spielzeug?«

Noch eine andere Geschichte: Nach meinen Saufgelagen früher hatte ich am nächsten Morgen oftmals Kopfschmerzen. Meine Therapie war das Fitnessstudio mit anschließender Sauna. Das half. Aber nehmen wir an, ich wäre stattdessen zu einem Heilungsgebet gegangen. Hätte auch geklappt, Kopfschmerz weg. Super. Vier Wochen später nach der nächsten Party das Gleiche: Kopfschmerzen. Wie kann das sein, Gott hat mich doch geheilt? Also rüber zum Wunderheiler, Gebet, Kopfschmerz weg. Drei Wochen später das Gleiche, leider dieses Mal ohne positives Ergebnis. Was ist hier los? Gott, warum heilst du mich nicht?

Verstehst du, was ich meine? Was wir tun, hat Konsequenzen und ich glaube, dass Gott will, dass wir Verantwortung für unser Leben übernehmen. Und das heißt auch, die Konsequenzen zu erkennen und unser Handeln entsprechend zu verändern. Um das zu tun, müssen wir etwas ganz Essenzielles begreifen.

Ganzheitliche Gesundheit von Körper, Geist und Seele

Der Mensch besteht aus drei Teilen, welche in Interaktion miteinander stehen, aber auch ihr Eigenleben führen, also in gewisser Weise unabhängig voneinander existieren können. Diese drei Teile sind der Körper, die Seele und der Geist. So hat Gott uns geschaffen.

- **Der Körper …**
  … ist all das, was man anfassen kann. Alles, was eine Masse hat. Alles, was aus Zellen besteht: Haut, Haare, Muskeln, Gewebe, Knochen und so weiter. Ein Mensch kann sich körperlich verletzen, indem er sich eine Schnittwunde zufügt, seine Knochen bricht oder Organe beschädigt.
- **Die Seele …**
  … ist alles, was die Persönlichkeit eines Menschen ausmacht: Sein Charakter und seine Eigenschaften, aber auch Gefühle und Vorlieben. Alles, was ein Mensch erlebt, wirkt sich auf die Persönlichkeit, also auf die Seele des Menschen aus. Auch seine Träume gehören in diesen Bereich. Wenn wir fröhlich oder traurig, mitfühlend oder zornig sind, hat das was

mit unserer Seele zu tun. Und natürlich kann auch die Seele verletzt werden, dann sprechen wir von psychischen Krankheiten oder Verletzungen.

- **Der Geist …**

  … ist die Verbindung zu Gott, also zur wahren Quelle des Lebens und zu allem, was übernatürlich, also göttlich ist. Ist diese Verbindung nicht intakt, kann ein Mensch gar nicht vollständig gesund sein. Die Auswirkungen sehen für uns allerdings oft ebenfalls wie psychische Krankheiten aus, etwa wenn ein Mensch von Dämonen besessen ist.

Wenn man eine Krankheit behandelt, ist es am wichtigsten, ihrer Ursache auf den Grund zu gehen. Und das gilt immer, egal, ob wir schulmedizinische Methoden oder Naturheilkunde anwenden oder wir für jemanden beten und derjenige übernatürlich geheilt wird. Es nützt dauerhaft nichts, körperliche Symptome zu behandeln, wenn eigentlich die Seele krank ist. Dann verschwinden die Kopfschmerzen vielleicht, sie werden aber wiederkommen, wenn die Ursache der Kopfschmerzen nicht beseitigt wurde.

Es gibt keine übernatürliche Heilung, wenn der Geist verkümmert ist oder gar keine Verbindung zur übernatürlichen Sphäre besteht. Wenn Gott durch das Gebet von jemandem andere Menschen

ES NÜTZT DAUERHAFT NICHTS, KÖRPERLICHE SYMPTOME ZU BEHANDELN, WENN EIGENTLICH DIE SEELE KRANK IST.

übernatürlich heilt, dann weil er selbst diese Verbindung herstellt. Viele Menschen, die andere durch Gebet geheilt haben, berichten davon, dass ihnen warm oder die Hand ganz heiß wurde oder der kranke Mensch zu schwitzen begann. Das ist ein Zeichen dafür, dass übernatürliche, göttliche Kraft fließt.

Pharmazeuten haben über die Jahre für alle möglichen Krankheitsbilder Medikamente entwickelt, die allerdings oftmals nicht dazu dienen, die Ursachen anzugehen, sondern lediglich die Symptome zu lindern. Eine Schmerztablette enthält Stoffe, die die Nerven betäuben, sodass sie keine Schmerzsignale mehr übermitteln. Die Ursache wird dadurch natürlich nicht behoben. Im besten Fall verschwindet sie von alleine.

Wahrscheinlicher ist aber, dass der Schmerz nur vorübergehend aufhört, am nächsten Tag, in der nächsten Woche oder im nächsten Monat jedoch wiederkommt. Wird die Ursache nicht behoben und ein Medikament dauerhaft eingenommen, so kommen zu dem eigentlichen Problem, das nie angegangen wurde, möglicherweise weitere Probleme dazu: Nebenwirkungen werden wahrscheinlicher, die Giftstoffe im Medikament können nicht mehr abgebaut werden und es folgen Nieren- oder Leberschäden. Oder aber der Patient entwickelt eine Art Resistenz gegen einen Wirkstoff und braucht entsprechend höhere Dosen.

Diesem hoffnungslosen Teufelskreis fiel mein Großvater zum Opfer. Er hatte jedes Jahr eine chronische Krankheit mehr, und musste jedes Jahr eine zusätzliche Tablettensorte einwerfen. Trotz des immensen Konsums hoch entwickelter pharmazeutischer Produkte, ging es ihm immer schlechter, bis er eines Tages ganz plötzlich sehr stark abbaute und zwei Wochen später sein Körper das Leben aushauchte.

Alle Ursachen für Krankheiten fallen entweder in den Bereich des Geistes, der Seele oder des Körpers eines Menschen. Bei einem Knochenbruch ist das vollkommen klar. Sind die Knochen stärkerer Belastung ausgesetzt, als sie aushalten, brechen sie. Wer keine gebrochenen Knochen haben will, sollte versuchen, entsprechende Belastungen zu vermeiden. Niemand käme auf die Idee, einem Patienten mit einem gebrochenen Bein einfach Schmerzmittel zu verschreiben und ihn wieder nach Hause zu schicken. Nein, das Bein wird operiert, geschient, gegipst und bald ist das Bein wieder gesund.

Bei anderen Krankheiten gehen viele Ärzte und Heiler allerdings anders vor. Einerseits, weil die Medizin noch nicht weit genug ist und Behandlungsmethoden fehlen, andererseits, weil das Verständnis für Krankheitsursachen im seelischen und geistlichen Bereich fehlt. Und manchmal, weil es wirtschaftlich interessanter ist, ein Medikament zu verwenden, als simple Heilungsmethoden zu erforschen. Dann wird eine Schlafstörung auf eine Hormonstörung zurückgeführt und medikamentös behandelt. Das klappt eine Weile auch ganz gut, selbst wenn mit den Hormonen alles soweit in Ordnung war. Aber wenn sich der Hormonhaushalt irgendwann auf die Medikamente eingestellt hat, kommen die Schlafstörungen zurück und der Patient braucht mehr oder stärkere Medikamente.

Tja, allerdings habe ich mich im Gebetsteam nicht viel anders verhalten. Du hast Kopfschmerzen? Klar, im Namen Jesu beten wir die Schmerzen weg. Zack. Und vier Wochen später waren sie wieder da.

Bei beiden Beispielen ist das Problem, dass wir die Symptome behandeln und nicht die Ursache. Ein guter Psychologe würde vielleicht etwas tiefer graben und feststellen, dass der Patient eine Depression hat, die auf einer tiefen Angst vor dem Tod basiert. Vielleicht, weil es ein traumatisches Erlebnis in der Kindheit gab. Dieses Erlebnis kann man aufarbeiten, vollständige Heilung gibt es durch die Gewissheit der Wiedergeburt. Mit dem Blut von Jesus wird der Name auch dieser Person in das Buch des Lebens geschrieben. Sie ist für immer ein Kind Gottes. Für immer sind ihr alle Sünde vergeben. Für immer ist sie gerecht vor Gott. Das Leben endet nicht mit dem Tod, es beginnt nur ein neuer Abschnitt. Diese Zuversicht lässt die Angst verschwinden, die Depression, die Hormon- und Schlafstörung verschwinden gleich mit.

Stress, Sorgen, Unvergebenheit können bestimmte Krankheiten auslösen, genau wie falsche Ernährung, zu wenig Schlaf oder der Konsum von Drogen. Und dann nützt es nichts, wenn wir die Symptome behandeln oder wegbeten, denn die Ursachen sind immer noch da und wirken nach der Heilung ganz genauso wie vor der Heilung.

Kopfschmerzen sind eine rote Warnlampe im Auto, die brennt, wenn der Ölstand zu niedrig ist. Was tust du? Fährst du weiter, bis sich der Motor in Rauch auflöst? Nein, du wirst vermutlich deine Verantwortung als Halter des Fahrzeuges wahrnehmen, Motoröl nachfüllen und dich vergewissern, dass das Warnlicht nicht mehr leuchtet. In 10 000 Kilometern wiederholt sich die Prozedur. So ist das nun mal, wenn man ein Auto fährt.

Ich stelle mir die Leute beim Gebetspunkt vor: »Da leuchtet eine rote Lampe im Auto, kannst du bitte beten?«

Und dann bete ich und tatsächlich leuchtet die Lampe nicht mehr. Gott hat wundersame Ölvermehrung geschenkt. Super. 10 000 Kilometer später leuchtet die Lampe aber wieder. Wenn uns Gott beibringen will, verantwortlich mit unserem Auto umzugehen, wie oft wird er da wohl das Öl übernatürlich auffüllen?

Das heißt: Auch wenn der Herr unser Arzt ist, sind wir dennoch verantwortlich für unser Leben. Nur, weil es Wunderheilung gibt und wir sie möglicherweise auch schon genießen durften, heißt das nicht, dass unser Körper plötzlich unzerstörbar wäre oder dass unser Lebensstil keinerlei Einfluss auf unser Wohlbefinden mehr hätte. Nun geht nicht jeder von uns hin und lässt sich einmal pro Woche bis zum Katerkopfschmerz zulaufen. Aber wir schaden unserem Körper, unserem Geist und unserer Seele auf andere Weise. Zum Beispiel, indem wir uns ständig Sorgen machen, indem wir glauben, uns am eigenen Schopfe aus dem finanziellen Sumpf ziehen zu müssen, indem wir unserem Nächsten nicht vergeben. Solche Dinge müssen wir angehen und klären, am besten mit Gott. Sonst bleiben die Ursachen bestehen und werden immer wieder Krankheiten verursachen.

AUCH WENN DER HERR UNSER ARZT IST, SIND WIR DENNOCH VERANTWORTLICH FÜR UNSER LEBEN.

Mir ist klar, dass diese Antwort nicht jedem gefällt. Sie ist vielleicht auch nicht sehr seelsorgerlich. Darum geht es mir aber auch nicht. Mir geht es darum, weiterzugeben, was ich erkannt habe. Es liegt auch in der Verantwortung jedes Einzelnen, rechtzeitig aktiv zu werden und die Ursachen für das blinkende Warnlicht zu suchen. An dieser Stelle kommen dann möglicherweise die Seelsorger ins Spiel.

Um den Kreis wieder zu schließen: Natürlich spielt dieses Konzept auch bei der Erziehung unserer Kinder eine Rolle. Gott hat uns die Verantwortung für sie übertragen. Also müssen wir uns auch darum kümmern, dass sie sich vernünftig ernähren und lernen, mit ihren Spielsachen ordentlich umzugehen.

———

Diese Erkenntnis mussten andere erfahren. Aber ich eckte an. Ich polarisierte. Ich wurde unerwünscht und manch einer sagte mir nach, dass ich jetzt vom Glauben abgefallen sei. Selbst unser Hauskreis zerbrach an diesem Thema. Menschen im charismatischen Lager glauben oft, ihr ganzes Leben lang an einem grandiosen geistlichen Kampf teilzunehmen: Gott kämpft gegen Satan, das Gute gegen das Böse. Und wir stehen mitten auf dem Schlachtfeld, umgeben von Engeln und Dämonen und manchmal kriegen wir halt Krankheiten, Leid und Beschwerden ab. Aber wenn wir nur eifrig und oft genug beten und Lobpreis machen und dagegen aufstehen im Glauben, dann kommt uns Gott zu Hilfe – bis zur nächsten Angriffswelle des Feindes.

Ich kannte Leute, die sich sogar damit brüsteten »vom Feind angegriffen worden zu sein«. Insbesondere, wenn wir etwas für den Herrn machen wollten, wie einen Straßeneinsatz.

»Ich kann heute nicht kommen, der Feind hat mich die halbe Nacht mit Bauchschmerzen angegriffen.«

»Gestern Abend hat der Feind Streit zwischen mir und meiner Frau gesät und jetzt kann ich nicht mitkommen.«

»Sorry, der Feind hat mir Albträume geschickt und ich habe dann verschlafen.«

In meiner Unwissenheit nickte ich verständig: »Oh ja, wer wirklich gefährlich ist für den Feind, der wird auch von ihm angegriffen.«

Ich meine, kann schon sein, ich will dämonische Angriffe und Besessenheit nicht ausschließen. Die Bibel berichtet darüber und ich habe selbst solche Dinge erlebt. Aber wir sollten schon ein bisschen genauer hinschauen, was die Ursache für Streit oder Krankheit ist. Ist das wirklich immer nur »der große, böse Feind«? Ich glaube nicht.

»Du hast die halbe Nacht Bauchschmerzen gehabt? Darf ich fragen, was du gestern Abend gegessen hast?«

»Ihr habt euch gestritten? War es, weil du beim Abendessen wieder permanent auf dein Handy gestarrt hast?«

»Du hattest schlimme Albträume? Sag mal, in welchem Kinofilm wart ihr gestern?«

Erwachsen werden kann hart sein

Ich versuche, den Zusammenhang noch mal mit einem anderen Beispiel zu erklären: Mein Sohn wird irgendwann einen Führerschein haben. Heute kann man den Führerschein mit 17 machen, und dann ein Jahr in Begleitung fahren.

Ein Jahr werde ich neben meinem Sohn sitzen und ihn an meiner Erfahrung Anteil haben lassen: »In die Kurve kannst du mit 70 fahren, wenn Laub liegt, solltest du in der Kurve aufpassen, insbesondere bei Heckantrieb.«

Wenn Schnee liegt, werden wir Driften und die Tellerwende üben und wenn das Jahr vorbei ist, werde ich sagen: »Mein Sohn, ich hoffe, dass du alles beherzigst, was ich dir beigebracht habe. Ab heute darfst du alleine Auto fahren. Du trägst die Verantwortung für dich, deine Insassen, das Auto und andere Verkehrsteilnehmer. Für alle Folgen deines Fahrstils bist du persönlich verantwortlich. Und solltest du meine Worte nicht beherzigen, so wisse eines: Ich bin und bleibe dein Vater, der dich liebt, egal, ob du dein Leben und deine Gesundheit ruinierst. Meine Liebe ist nicht an deine Taten gekoppelt, sondern ich liebe dich, weil du mein Sohn bist. Und nun viel Spaß beim Autofahren.«

Erwachsen werden ist hart. Aber jedes Kind möchte irgendwann groß sein – wie Mama und Papa. Auch jedes Gotteskind möchte im Glauben wachsen und reif werden, in die großartige Berufung hineinwachsen, die Gott für es bereithält. Das heißt aber auch, Verantwortung zu übernehmen.

NATÜRLICH HEILT GOTT ÜBERNATÜRLICH. ABER FRÜHER ODER SPÄTER DÜRFEN WIR AUCH SELBST VERANTWORTUNG FÜR UNSER LEBEN ANNEHMEN.

Moment, Nathanael, willst du etwa sagen, dass jemand selbst schuld ist, wenn er Bluthochdruck hat? Willst du etwa sagen, dass jemand selbst schuld ist, wenn er an Krebs verstirbt, wenn Kinder Allergien haben oder wenn die Zähne Karies bekommen? Skandal! Nathanael ist abgedriftet.

Bitte nicht falsch verstehen. Natürlich heilt Gott übernatürlich. Das habe ich, glaube ich, eindrücklich beschrieben. Natürlich schenkt er uns aus Gnade Dinge. Und natürlich kann es auch mal einen Angriff des Teufels oder seiner Dämonen geben. Aber früher oder später sollten wir die Verantwortung für unser Leben annehmen – auf körperlicher, geistlicher und seelischer Ebene. Das heißt, bevor du Gott anklagst, weil er dir nichts Gutes mehr tut oder dir viel Leid zumutet, bevor du an deinem Glauben und allem, was du jemals mit Gott erlebt hast, zweifelst (so wie ich das getan habe), schau dir dein Leben an. Prüfe, wo etwas falsch läuft, wo du dich ungesunden Einflüssen aussetzt, wo du das weise Wort Gottes missachtest, und such dir zur Not Hilfe von außerhalb. Such dir Hilfe von jemandem, der in dein Leben hineinschauen kann und dem du es auch nicht übel nimmst, wenn er dich dann auf Dinge hinweist, die möglicherweise nicht richtig laufen.

Jesus ist für uns gestorben, er hat unsere Sünde auf sich genommen. Sünde trennt uns nicht mehr von Gott dem Vater und seiner Liebe. Wer Jesus als seinen Retter annimmt, wird die Ewigkeit mit ihm zusammen verbringen. Das will ich alles auf keinen Fall abstreiten, im Gegenteil, das ist das Fundament meines Glaubens. Aber das heißt doch nicht, dass unser Verhalten keine Konsequenz mehr hätte! Wenn ich mit voller Kraft mit der Faust gegen eine Wand haue, tut mir das dann weh? Wenn ich mich samstagabends zulaufen lasse, bin ich dann betrunken? Habe ich die Kontrolle über das, was ich tue? Könnte es sein, dass ich sonntags mit Kopfschmerzen aufwache und mich nicht in der Lage fühle, in den Gottesdienst zu gehen? Wenn ich ohne Sicherheitsgurt Auto fahre und dann einen Unfall baue, sieht es möglicherweise schlecht für mich aus.

Alle diese Dinge würde niemand bezweifeln, weil unser Handeln und die Konsequenz, die daraus folgt, auf der Hand liegen. Aber so, wie manche Christen mit Leid umgehen, müssten sie eigentlich davon ausgehen, unbeschadet vom Hochhaus springen zu können, weil dann sicherlich Engel kommen und sie sicher nach unten bringen.

———

Ich hatte zu Beginn meiner Christenzeit die Einstellung, dass Gott gemäß seines Versprechens, dass der Gerechte sich nicht einmal an einem Stein stoßen würde (Sprüche 91,12), dafür Sorge zu tragen hatte, dass ich mit meinem Sportwagen total entspannt mit 270 Stundenkilometern durch die Gegend düsen konnte. Wenn ich mal am Steuer einzuschlafen drohte, betete ich und irgendwie kam ich immer heil aus der Nummer raus.

An einem Nachmittag im Dezember fuhr ich zu einer Weihnachtsfeier von Bielefeld nach Braunschweig. Im Auto saßen unser Au-pair-Mädchen und unsere zwei Kinder. Bei Hannover wurde ich müde, ich betete wie immer und vertraute, dass Gott mir helfen würde. Unsere Au-pair hatte keinen Führerschein und somit gab es keine Alternative.

Ich wurde wach durch die Geräusche der linken Fahrbahnbegrenzungslinie und konnte den Crash mit der Leitplanke noch gerade so verhindern.

Adrenalin schoss durch meinen Körper und Gott sprach: »Ab heute trägst du die Verantwortung.« Nach achteinhalb Jahren als Christ schien es an der Zeit zu sein, den Baby-Status zu verlassen. Seitdem ist es mir zwei weitere Male passiert, dass ich beim Fahren müde wurde. Dann fahre ich auf einen Rastplatz, stelle mir einen Wecker auf 15 Minuten und nicke ein. Danach kann die Fahrt weitergehen. Sollte ich aber am Steuer einschlafen und einen Crash bauen, kann ich Gott sicherlich keinen Vorwurf machen.

NACH ACHTEINHALB JAHREN ALS CHRIST SCHIEN ES AN DER ZEIT ZU SEIN, DEN BABY-STATUS ZU VERLASSEN.

Wenn ich diese Dinge erzähle, dann sprechen mich meine Zuhörer immer wieder missmutig an, manche schreiben auch einen Brief oder eine E-Mail. Sie kommen mit meinen Aussagen nicht klar und wollen wissen, warum Gott ein bestimmtes Leid in ihrem Leben zulässt. Sie sind auf der Suche nach Sinn, glauben, etwas daraus lernen zu sollen, oder verdächtigen Gott, dass er dem Teufel möglicherweise die Erlaubnis erteilt hat, ihnen Schaden zuzufügen. Allerhand seltsame Ideen muss ich da über Gott hören. Was ist das für ein Gottesbild, frage ich mich. Habt ihr Leute euren Vater im Himmel wirklich so kennengelernt? Wer würde denn so einen Sado-Maso-Papa haben wollen? Niemand! Die meisten Kinder würden so einen Vater hassen. Und genau das tun viele Christen. In ihrem Herzen zerreißt es sie, weil sie Gott dafür hassen, dass er nicht eingreift, nicht auf Gebet reagiert, Leid zulässt und noch viele andere Schandtaten macht. Aber so ist Gott nicht.

Mein Sohn fragte mich einmal, als ich ihn um sieben Uhr abends ins Bett brachte: »Warum muss ich schon ins Bett?«

Ich erklärte ihm: »Ich trage die Verantwortung für dich. Ich weiß, wann du ins Bett gehen solltest, damit du am nächsten Morgen ausgeschlafen bist.«

Das stellte ihn nicht wirklich zufrieden und so ergänzte ich: »Wenn du älter bist und die Konsequenzen abschätzen kannst, kannst du selbst entscheiden, wann du ins Bett gehen willst.«

Mein Sohn verstand, dachte ein wenig nach und fragte: »Wann wird das sein?«

Ich lachte. »Das weiß ich jetzt noch nicht.«

»Wenn ich in die Schule gehe?«

Ich überlegte kurz, wie ich hier die Kuh vom Eis holen könnte, und sagte: »Ich weiß es nicht genau, dann, wenn du reif genug dafür bist.«

Im jüdischen Glauben und damit in der Tradition des Alten Testaments, in der auch Jesus aufgewachsen ist, gibt es ein Fest, bei dem die Kinder von ihrem Vater zum Mann beziehungsweise zur Frau erklärt werden. Die Kinder sind zwölf oder dreizehn Jahre alt und ab diesem Tag waren sie voll geschäftsfähig. Wenn also der Vater mit seinem Sohn im elterlichen Betrieb arbeitete, wurde der Sohn ab diesem Tag wie ein Erwachsener behandelt, mit allen Rechten und Pflichten. In unserer Kultur sind wir erst mit 18 voll geschäfts- und schuldfähig. Ob das jetzt mit zwölf oder erst mit 18 Jahren soweit ist, spielt keine Rolle. Aber der Gedanke ist überall auf der Welt derselbe: Kinder wollen und müssen erwachsen werden und ihr Leben selbst bestimmen. Die Gesellschaft oder das Gesetz eines Landes sieht einen gewissen Zeitpunkt vor, ab dem dies offiziell der Fall ist. Niemand möchte wie ein Kleinkind behandelt werden. Erst recht nicht, wenn dieser Zeitpunkt längst vorüber ist. Selbst Kleinkinder wollen ja oft nicht wie Kleinkinder behandelt werden.

Deswegen kann ich mir ehrlich gesagt auch nicht vorstellen, dass sich irgendwer ernsthaft danach sehnt, von Gott wie ein Kleinkind behandelt zu werden. Wie sähe das denn aus? Du möchtest gerne eine Stunde pro Tag in den sozialen Medien verbringen? Das ist zu viel, also schaltet Gott nach 15 Minuten dein Handy aus. Du möchtest gerne ein paar erotische Bilder anschauen? Das ist nicht gut, also lässt Gott dich immer dann erblinden, sobald solche Bilder nur in deine Nähe kommen. Du willst 51 statt 50 Kilometer pro Stunde in der Ortschaft fahren? Leider verboten, also würgt Gott deinen Motor ab. Das klingt lächerlich? Finde ich auch.

Gott könnte all diese Dinge tun, macht er aber nicht, weil er uns die Verantwortung übertragen hat. Ich entscheide selbst, wie viel Zeit ich bei Instagram vergeude. Ich entscheide, welche Filme ich anschaue, ich entscheide, wie schnell ich fahre und weil ich diese Entscheidungen treffe, kann ich mich wohl kaum bei Gott beschweren, wenn negative Konsequenzen eintreten. Ärgerlich ist nur, wenn wir nicht erkennen, was die Ursache für eine Krankheit oder für Leid ist. Aber auch dabei hilft uns Gott.

Sollte mich mein Sohn irgendwann anrufen und sagen: »Papa, ich habe es verbockt, meine Wohnung sieht aus wie ein Saustall, kannst du mir bitte helfen?«

Ich würde sofort losfahren und ihm zur Seite stehen. Aber nicht, indem ich anfange, seine Wohnung in Ordnung zu bringen.

»Als Erstes besorgst du dir mal große Müllsäcke und wenn die voll sind, fahren wir zum Wertstoffhof. Weißt du, wo der nächste ist?«

»Nein.«

»Okay, schau mal in den Gelben Seiten oder bei Google nach.« Wenn der grobe Müll weg ist, würde ich sagen: »Du könntest jetzt einen Besen nehmen und zusammenfegen, danach wischst du durch.«

Wahrscheinlich hätte sich mein Sohn in so einer Situation eher erhofft, dass ich komme, aufräume und er muss nur zuschauen. Von wegen! Und wenn einen Monat später wieder alles zugemüllt ist, dann kommt Papa und räumt wieder alles weg, oder wie? Sorry, nein, das werde ich definitiv nicht tun, weil ich meinen Sohn liebe. Ich würde meinen Sohn lehren, seine Wohnung und sein Leben in den Griff zu bekommen.

Und genau das tut auch Gott. Er offenbart uns auf vielfältige Weise, wie wir unser Leben gestalten können, damit es gelingt. In erster Linie durch die Bibel, die voll von Weisheiten und Anweisungen für unser Leben ist. Aber auch durch Mitchristen, die uns freundlich auf Dinge hinweisen, die in unserem Leben schieflaufen. Oder durch die Wissenschaft, die uns zeigt, wie unser Körper funktioniert und wie wir richtig mit ihm umgehen sollten. Gott befähigt Propheten, die uns ein Wort der Weisheit sagen können. Und er beruft Menschen zu Seelsorgern, die uns dabei helfen, Dinge aufzuarbeiten, die in der Vergangenheit liegen.

Was, wenn nichts passiert?

Als Kind fuhr ich mit meinen Brüdern viel Skateboard. Ich hatte sogar ein paar Tricks und Sprünge drauf. Eines Tages wünschte sich mein Sohn ein Skateboard. Er bekam eins, aber nicht nur er, sondern auch meine kleine Tochter – und ich natürlich auch. Die ersten Fahrversuche klappten ganz gut. Es machte großen Spaß, nach über 25 Jahren mal wieder auf einem Skateboard zu stehen. Also ab an die Halfpipe. Natürlich vorbildlich voll ausgestattet mit Protektoren. Ich fuhr immer riskanter. Nach einiger Zeit passierte es: Ich übersah eine Kante am Boden, schaffte es nicht mehr, mein Gewicht optimal zu verlagern, und das Board schoss wie ein Pfeil unter meinen Füßen weg, während ich nach hinten auf den Boden knallte. Ich stützte mich mit den Händen ab, die Protektoren krachten. Das linke Handgelenk tat etwas weh. Okay, genug für heute.

Nach einigen Tagen fing das Handgelenk an zu schmerzen, vor allem, wenn ich Liegestütze machte oder es anderweitig belastete. Ein paar Wochen später bemerkte ich einen Knubbel auf der Außenseite des Handgelenkes. Ein Ganglion? Der Knubbel wurde immer größer. Klar betete ich, ich verfluchte das Ganglion sogar. Aber es wuchs weiter. Warum gab es keine Heilung? Das machte mir zu schaffen. Natürlich war die Verletzung meine eigene Schuld. Ich war viel zu lange auf dem Skateboard und vor lauter Spaß hatte ich missachtet, dass meine Konzentration nachgelassen hatte. Ich hätte eher aufhören sollen. Aber ich hatte meine Lektion gelernt. Warum gab es also keine Heilung? Ich begann zu zweifeln.

Mein Personal-Trainer sah das Elend und tat, was er konnte, um mir zu helfen: Tape, Bestrahlung, Faszienmassage. Nichts half. Ich konnte viele Übungen nicht mehr machen und auch im Alltag fing es an zu nerven. Insbesondere, wenn ich unaufmerksam durch die Gegend lief und meine Hand nur leicht gegen eine Tür oder einen Tisch stieß. Wie oft schrie ich vor Schmerzen. Da meine Frau Profi im Bereich Gesundheit auf zellulärer Ebene ist, bekam ich von ihr ein ordentliches Programm verordnet. Nichts half. Es vergingen etwa neun Monate in diesem hilflosen Zustand.

Eines Abends lag ich im Bett und wartete auf meine Frau. Sie war auf einem christlichen Event gewesen und kam spät nach Hause. Sie war total aufgeregt und erzählte sofort, was sie alles erlebt hatte und wie Gott sie gebraucht hatte: Prophetie, Heilung und Ermutigung, das volle Programm. Obwohl solche Dinge irgendwie Normalität in unserem Leben sind, ist es doch jedes Mal etwas Besonderes, sie zu erleben. Als meine Frau so begeistert erzählte, hatte ich einen Impuls: Lass sie jetzt für dein Handgelenk beten.

»Kannst du noch mal für mein Handgelenk beten«, fragte ich also.

Sie legte mir ihre Hand auf und betete kurz. Als es warm wurde, keimte Hoffnung in mir auf.

In den nächsten Wochen beobachtete ich mein Handgelenk sehr genau und durfte Zeuge werden, wie das Ganglion von Tag zu Tag kleiner wurde. Wenn ich mein Handgelenk bewegte, knackte es, und beim Massieren fühlte es sich so an, als ob sich Dinge nun endlich wieder an die richtige Position verschieben würden.

Nach wenigen Wochen konnte ich wieder schmerzfrei Liegestütze machen und nach etwa vier Monaten war das Handgelenk so gut wie neu.

Bei meinem Dienst werde ich immer wieder mit der Frage konfrontiert, warum manchmal keine Heilung passiert. Eine verständliche Frage. Es kann frustrieren, wenn alle um einen herum geheilt werden und man selbst nicht. Und wenn ich ehrlich bin: ich kenne keine theologische Universalantwort auf diese Frage.

Wenn ich einen Zigarettenautomaten mit ausreichend Geld füttere, kommt eine Packung Zigaretten heraus. Wenn nun der Nächste genauso viel Geld einwirft, es kommen aber keine Zigaretten, dann ist die Frage nach dem Warum absolut berechtigt. Da kann man schon mal voller Frust gegen den Automaten trommeln und schreien: »Dann gib mir wenigstens mein Geld wieder zurück!«

Aber Gott ist kein Automat. Es gibt Dinge, die sind glasklar und gelten universell für alle Menschen. Es ist keine Frage, dass du errettet bist, wenn du Jesus als deinen Retter angenommen hast. Überhaupt keine. Es gibt aber auch persönliche Dinge, die zwischen dir und Gott auf eine bestimmte Weise funktionieren und zwischen mir und Gott anders sind. Gott begegnet jedem Menschen anders und nicht jeder Mensch erlebt die gleichen Wunder und übernatürlichen Dinge.

GOTT BEGEGNET JEDEM MENSCHEN ANDERS UND NICHT JEDER MENSCH ERLEBT DIE GLEICHEN ÜBERNATÜRLICHEN DINGE.

Das Paulus-Erlebnis bei Damaskus ist ja auch nichts, worauf man sich verlassen sollte und allzu viele Christen kenne ich nicht, die wie Philippus weggebeamt wurden, um möglichst schnell am nächsten Einsatzort zu sein. Vielleicht gehören manche Geschichten ausbleibender Heilungen auch zu Gottes persönlichem Umgang mit uns. Ich habe es bis heute nicht verstanden, warum ich neun Monate lang leiden musste und ich dann plötzlich geheilt wurde. Und je mehr ich über diesen Fall nachdenke, umso weniger Erkenntnis habe ich. Meine einzige Erkenntnis ist, dass ich meine Zeit des Grübelns und Motzens und Jammerns auch hätte besser einsetzen können.

———

Mir fällt allerdings eine Geschichte ein, die ich nicht selbst erlebt habe, sondern die ein Prediger einmal im Rahmen einer Sommerbibelschule erzählte. Er leitete eine große Evangelisationsveranstaltung mit zigtausend Besuchern, die mehrere Tage dauerte. Jeden Abend wurden drei Rollstuhlfahrer vor die Bühne geschoben. Es passierten viele Heilungswunder, doch jedes Mal, wenn er zu den Rollstuhlfahrern gehen wollte, um sie zu heilen, hielt ihn der Heilige Geist davon ab. Am letzten Tag hörte der Prediger von Gott, dass er nun für die Rollstuhlfahrer beten solle. So ging er zum Ersten der drei Rollstuhlfahrer und legte die Hand auf. Der Mann stieg aus seinem Rollstuhl und lief einmal um das Veranstaltungsgelände. Die Menge tobte. Er ging zur nächsten Person, einer Frau, die von ihrem Sohn geschoben wurde, und der Heilige Geist sagte ihm, dass er nicht für sie beten solle. Er wollte, aber Gott sagte Nein. Voller Unverständnis ging er zum letzten der drei Rollstuhlfahrer und es wiederholte sich das Wunder.

Der Sohn der Frau, die nicht geheilt worden war, tobte innerlich. Er glaubte zwar nicht an Gott und auch wenn er zwei Wunder direkt um sich herum gesehen hatte, wollte er auch weiterhin nicht glauben.

Er war wütend, weil der Prediger nicht für seine Mutter beten wollte – bis ihm seine Mutter erzählte, dass sie für sich festgelegt hatte: »Ich will nicht geheilt werden und ich will nicht einmal, dass dieser Prediger für mich betet!«

Diese Ehrlichkeit schlug tief in sein Herz ein, denn wie konnte der Mann das gewusst haben? Das konnte ihm ja nur Gott gesagt haben. Es gab ja keinen Grund, nicht für seine Mutter zu beten. Also musste es Gott geben. Und so bekehrte er sich und wurde gläubig.

Mit dieser Geschichte möchte ich auf keinen Fall andeuten, dass Gott uns absichtlich krank macht, um uns etwas zu zeigen. Wie furchtbar wäre das? Und was für eine beschissene Art der Kommunikation wäre das?

Ich meine, es geht ja um Leute, die sagen: »Ich verstehe nicht, warum ich nicht geheilt werde.« Und nicht um Leute, die sagen: »Ich wurde nicht geheilt, damit ich diesen und jenen Sachverhalt verstehe.«

Wenn Gott etwas tut, um jemandem etwas zu sagen und derjenige dann keinen Schimmer davon hat, was Gott ihm sagen will, ist die Kommunikation misslungen, die Person ist aber immer noch krank. Wie dilettantisch wäre das. Nein, die Geschichte soll einfach nur zeigen, dass da manchmal Dinge sind, die wir auf den ersten Blick nicht sehen können. Ganz banale, einfache Dinge, die eine Heilung verhindern.

Ich weiß, dass das keine Antwort ist, die jemandem weiterhilft, der gerade einen geliebten Menschen am Sterbebett begleiten muss. Aber ich muss demütig zugeben, dass ich theologisch nichts weiter zu der Frage sagen kann, warum Gott in manchen Fällen nicht heilt. Wir müssen auf Gott schauen und ihm vertrauen. Wir sollten unsere Verantwortung prüfen. Wir sollten weiterbeten und warten. Und uns daran erinnern, dass wir eine Hoffnung haben, die größer ist als der Tod.

Die Frage, warum Gott in manchen Fällen nicht heilt, hängt eng mit der Frage nach dem Leid auf dieser Welt zusammen. Warum lässt Gott überhaupt Krankheiten zu? Welchen Sinn haben Naturkatastrophen, Verkehrsunfälle, Mord und Totschlag? Darum geht es im nächsten Kapitel.

5 THEODIZEE – Gott, warum lässt du all das Leid in der Welt zu?

Es ist so zum Kotzen. Wirklich. Zu krass, welche Dinge auf der Welt abgehen.

Jungen Frauen in Afrika wird Hoffnung auf ein besseres Leben gemacht. In Deutschland, da brauchen sie dich. Die haben einfach zu wenige Arbeitskräfte in Deutschland und du kannst dort arbeiten. Zunächst als Reinigungskraft, bis du Deutsch gelernt hast. Dann kriegst du einen besseren Job. Kindermädchen, Sekretärin, als Bedienung in einem Restaurant oder im Hotel am Empfang. Du verdienst gutes Geld, du kannst gut leben und deiner Familie in Afrika etwas zuschicken. Natürlich musst du uns bezahlen, aber das hat Zeit, bis du Geld verdienst. Und wenn sich diese jungen Mädchen dann auf den Weg gemacht haben und in Deutschland sind, stellen sie fest, dass Prostitution gemeint ist. Geld zur Familie schicken? Eher nicht. Die Nachricht ist ganz einfach: Du tust, was wir dir sagen oder deine Familie in Afrika wird gefoltert.

Wer noch Jungfrau ist, wird höchstbietend verkauft, anschließend geht es auf den Straßenstrich, zu Privatpornodrehs oder irgendwohin als Haussklavin. Zu haben für 20 bis 50 Euro, je nach Zustand der Ware. Wenn die Mädels länger hier sind und der Verschleiß deutlich sichtbar wird, kann man sie sich für fünf bis 15 Euro irgendwo in den Industrievierteln einsammeln und auf der Rückbank reinhalten. Für fünf Euro mehr auch ohne Kondom. Weil eine solche Karriere niemand verkraftet, werden diese Frauen gewaltsam unter Drogen gesetzt und abhängig gemacht. Es gibt kein Entrinnen, und wohin sollten sie auch fliehen? Zurück nach Afrika? Direkt in die Arme der Verbrecher? Unmöglich, wenn man keine Papiere mehr hat. Abhauen und untertauchen in Deutschland? Wie soll das gehen, ohne Pass, ohne Sprachkenntnisse, voll auf Drogen. Selbstmord? In diesem Fall würde die gesamte Familie in Afrika vergewaltigt, gefoltert und getötet werden.

Ich sagte ja: Es ist zum Kotzen.

In Afrika, aber auch in China und anderen asiatischen Ländern werden Menschen wie Sklaven gehalten. In Bürgerkriegsländern ziehen vergewaltigende und plündernde Horden durch die Dörfer. Menschen werden aufgrund ihres Glaubens gejagt, gefangen, gefoltert und getötet. Laut Welthungerhilfe verhungert alle zehn Sekunden ein Kind unter fünf Jahren und zwei Milliarden Menschen leiden an Mangelernährung. Zwei. Milliarden. Man muss aber gar nicht so weit schauen. In Deutschland gehen Kinder, die noch keine 14 Jahre alt sind, auf den Berliner Drogenstrich. Jeden Tag wird in Deutschland mindestens ein Mensch ermordet. Und dann gibt's da noch all die Prügelattacken, Betrügereien, Erpressungen.

WARUM LÄSST GOTT NICHT EINFACH MANNA VOM HIMMEL REGNEN, ANSTATT ZUZUSEHEN, WIE DIE MENSCHEN VERRECKEN?

Wenn Gott allmächtig ist, warum lässt er das zu? Warum lässt Gott nicht einfach Manna vom Himmel regnen wie in biblischen Zeiten, anstatt zuzusehen, wie die Menschen verrecken? Warum hält er nicht einfach mal einen Hurrikan auf, der die halbe Ernte des Mittleren Westens der USA verwüstet? Er würde nicht nur großes Leid in den USA verhindern, sondern auch einen sprunghaften Anstieg der Maispreise um 30 Prozent weltweit – und damit noch mehr Hunger und noch mehr Hungertote. Wenn Bürgerkrieg herrscht, warum schützt Gott nicht die Opfer, schickt einfach ein paar Engel, die den Angreifern die Gewehre wegnehmen, und warum sorgt er nicht dafür, dass die Vergewaltiger kurz vor ihrer Tat einen Schlaganfall bekommen? Gott ist doch allwissend, er muss nicht erst warten, bis ein Mensch ein grausames Verbrechen begangen hat. Er kann ihn auch zuvor schon töten. Warum gibt es schmerzhafte und tödliche Krankheiten, die Familien zerreißen?

———

Mein Leben lang beschäftigten mich diese Fragen. Kein Mensch, weder Heide noch Christ oder Anhänger irgendeiner anderen Religion konnte mir bisher eine sinnvolle Erklärung geben. Auch konnte mir kein Christ erklären, wie er selbst damit umgeht.

Vielmehr kam es mir so vor, als wenn Christen anfingen, ihren Glauben infrage zu stellen, wenn sie mit dieser Thematik konfrontiert wurden, oder sie stellten sich dumm und murmelten irgendeinen Schwachsinn à la »betrifft mich nicht, habe ich mir noch nie Gedanken drüber gemacht«.

Dann verweisen sie mittelmäßig motiviert auf den Himmel. »Das werden wir alles verstehen, wenn wir dort oben sind«, und zucken mit den Schultern.

Manche kommen mit dubiosen Aussagen wie »das ist die Strafe für die Sünde« und belegen das mit aus dem Zusammenhang gerissenen Bibelstellen, bis zu den ganz Philosophischen, die sagen: »Gottes Wege sind unergründlich« oder »Gott handelt schon richtig, zu seiner Zeit«.

Ich hörte vor Kurzem einen geisterfüllten Christen die Überlegung äußern: »Könnte es nicht sein, dass es die Not und das Elend in Afrika und woanders auf der Welt gibt, damit wir uns unseres Segens bewusst sind und unsere Spendenbereitschaft und Mitgefühl für diese Betroffenen zeigen können?« Puh.

Aber okay, meine Antworten waren lange Zeit auch nicht besser. Die Einstellung, die ich früher bezüglich all des Leids in Afrika und der Ungerechtigkeit, die viele Menschen in Afrika auch aufgrund historischer und moderner Kolonisation erleben müssen, ließ folgende Aussagen zu:

- Das sind halt die Wilden, die kommen naturbedingt mit Zivilisation nicht klar.
- Wir können stolz sein auf unsere Errungenschaften. Wer zu dämlich war oder ist, um diese Wege mitzugehen, der ist halt selbst schuld.
- Das ist das Gesetz des Stärkeren. Wo es Gewinner gibt, da muss es auch Verlierer geben. Und ich bin lieber auf der Gewinnerseite.

Unglaublicher Schwachsinn, ich weiß.

Wenn dann wenigstens Christen ein bombiges Leben führen würden. Einmal Übergabegebet und dein Leid ist Vergangenheit. Der Typ, der dir eigentlich gerade sein Messer in den Leib rammen wollte, um dann mit deinem Handy abzuhauen, zerfällt zu Staub. Jeden Sonntag brav in die Kirche und Gottes reicher Segen ist dir gewiss. Dann könnte man sagen, gut, ein bisschen gemein ist er schon drauf, der Gott, aber wenigstens sorgt er für seine Leute. Kann sich ja jeder auf den Deal einlassen, wenn er möchte. Ist jedem seine eigene Sache.

Aber überall auf der Welt gibt es Christen, die arm sind oder zumindest einen normalen Malocher-Job haben, der ihnen zum Hals heraushängt. Wenn es also einen Gott gibt, warum zeigt sich das nicht auch in der Welt? Warum haben die abgefucktesten Banker, Verbrecher, Zuhälter und Mafiabosse sowie Politiker und gottlose Quacksalber in den Führungspositionen der Gewerkschaften und Krankenkassen und natürlich meine Wenigkeit, der selbstverherrlichende König von Schloss Holte-Stukenbrock, Kohle, Macht und Erfolg ohne Ende, während die Christen ein Schattendasein unter dem Joch eben solcher Machtmenschen leben? Christen = arm, Schweinehunde = reich? Ist das etwa ein göttliches Prinzip?

So dachte ich, als ich Jesus noch nicht kennengelernt hatte. Christen waren für mich arme Loser und ihr Gott ein feiger Schwächling.

... und Gott antwortete mir

Damals auf dem Missionsfest fragte ich Gott auch nach diesem Thema: »Gott, warum lässt du das Elend in der Welt zu?«

Die Antwort war kurz und knapp: »Freier Wille!«

»Aha«, dachte ich mir, und dann setzte eine wahre Informationsflut ein, die ich erst in den folgenden Monaten ganz verarbeiten konnte.

- Freier Wille, sein Opfer zu vergewaltigen oder es zu lassen.
- Freier Wille, den Abzug zu drücken, sich zur Armee zu melden.
- Freier Wille, Geschäfte zu machen, die Land und Menschen ausbeuten.
- Freier Wille, sich im Menschenhandel zu betätigen.
- Freier Wille, Juden in eine Gaskammer zu packen.

Es ist freier Wille, zu stehlen, Steuern zu hinterziehen, zu lügen, zu lästern, seine Frau zu schlagen, Drogen zu konsumieren, in den Puff zu gehen, sich Pornos reinzuziehen, seine Frau zu betrügen, ein Kind abzutreiben, seinen ungeliebten Bruder um sein Erbe zu betrügen, Frauen als Sexobjekte zu betrachten, einen Saunaklub zu betreiben, bei den Hells Angels einzutreten, seine Familie für eine neue Liebe zu verlassen, seine Karriere um jeden Preis voranzutreiben, geizig zu sein, aufbrausend, beleidigend, anmaßend, stolz.

Oder auch einfach nur die Entscheidung zu treffen, dass es Gott nicht gibt, die Bibel nicht das Wort Gottes ist, Jesus zu verleugnen, genau wie alles Übernatürliche, sich über Christen lustig zu machen, dem Hinduismus, Buddhismus, Islam oder einer anderen Religion beizutreten, sich auf Zen-Zauberei, auf okkulte Praktiken wie Gläserrücken, Kartenlegen oder satanistische Messen einzulassen oder als Atheist und humanistischer Gutmensch sinnentleert auf das Ende seiner Existenz hinzuleben.

Gott sagte zu mir: »Ich habe bei der Schöpfung der Menschen, die ich so sehr liebe, in Kauf genommen, dass sie sich gegen mich entscheiden. Ich habe das getan, weil ich keine Roboter oder Diener wollte, die einfach nur meinen Befehlen Folge leisten. Ich will mit den Menschen eine Liebesbeziehung führen. Und Liebe ist immer freiwillig. Ich warte sehnsüchtig darauf, dass sich meine Geschöpfe aus freien Stücken zu mir wenden und in ihre Bestimmung als Königskinder, als Liebende und Geliebte eintreten.«

Mein Gottesbild stand damals kopf. Vaterliebe war mir ein Fremdwort. Beinahe alles in mir rebellierte, als ich diese Worte hörte. Mein Problem war meine Erinnerung an das Versagen meiner Eltern, die gescheiterten Beziehungen und die Lieblosigkeit, die ich in meinem gesamten Umfeld erlebt hatte. Aus meiner Perspektive hätte ein allmächtiger Gott Regeln aufstellen müssen, an die sich alle zu halten haben. Er müsste Menschen, die sich nicht an seine Regeln halten, bestrafen und für Ruhe und Ordnung sorgen.

AUS MEINER PERSPEKTIVE DAMALS HÄTTE EIN ALLMÄCHTIGER GOTT REGELN AUFSTELLEN MÜSSEN, AN DIE SICH ALLE ZU HALTEN HABEN.

Gott schenke mir nun eine Erkenntnis, die meine Sichtweise auf Menschen, die böse Dinge tun, komplett veränderte. Gott sprach: »Satan existiert, und zwar genau so, wie in der Bibel beschrieben. Der Mensch hatte und hat die Entscheidung, entweder mir zu gehorchen oder dem Teufel.«

Adam und Eva, die ersten Menschen, waren nicht geschaffen, um zu sündigen. Sie sollten sich für ein Leben mit Gott im Paradies entscheiden. Besser gesagt, sie lebten mit Gott im Paradies. Aber Satan, der Verführer, führte eine Entscheidung herbei und Adam und Eva, die Prototypen allen menschlichen Lebens, entschieden sich gegen Gott und dafür, selbst wie Gott zu sein und unabhängig zu leben. Eine Entscheidung, die sich bis heute immer wieder stellt und an der wir Menschen immer wieder scheitern. Wir alle wollen wie Gott sein und unabhängig leben. Wir alle entscheiden uns dazu, Gott nicht zu gehorchen, sondern unseren eigenen Weg zu gehen. Weil Satan uns die immer gleichen Lügen einflüstert.

Ich hatte Menschen, die nach meinem Maßstab böse waren, immer verurteilt. Was sagte jedoch Gott zu mir?

In Bruchteilen von Sekunden ging die Offenbarung weiter: »Eure Feinde sind nicht aus Fleisch und Blut, sondern ihr kämpft gegen Dämonen und die Mächte der Finsternis.«

Was hörte ich da? Ein schlechter Mensch ist nicht schlecht, sondern nur von Dämonen und der Macht der Finsternis besetzt und manipuliert? Ich soll einen schlechten Menschen nicht verurteilen, sondern hinter dem Schlechten, was er tut, den Feind, also Satan und seine Diener, erkennen? Je böser ein Mensch ist, desto mehr ist er ein Opfer der dämonischen Mächte, die in ihm Platz genommen haben?

Vor meinem inneren Auge sah ich Menschen, die Schlechtes getan oder mich verletzt hatten. Hinter diesen Menschen sah ich Satan, und meine Ablehnung, die ich gegen diese Menschen empfand, projizierte sich auf Satan. Es war ganz klar: Nicht die Person an sich tat etwas Böses, sondern Satan verführte sie zum Bösen.

Alles, was diese Menschen getan hatten, war, sich gegen Gott zu entscheiden und sich damit, wenn auch unbewusst, für Satan zu entscheiden – oder ihm zumindest massiven Einfluss auf ihr Leben zu gewähren. Wenn Gott die Liebe ist und die Quelle allen Lebens, dann ist relativ klar, welche Konsequenzen es hat, wenn wir uns von ihm entfernen. Deswegen wird natürlich nicht jeder gleich zum Massenmörder.

Diesen Zusammenhang erkannte ich nun auch in meinem eigenen Leben. Was hatte ich nicht alles an Leid angerichtet? Wie viele Frauen hatte ich schlecht behandelt, ver-

DIE SCHÄDEN, DIE ICH ANGERICHTET HATTE, KONNTEN OHNE GOTTES EINGREIFEN NICHT MEHR HEILEN.

letzt und in furchtbare Situationen gebracht. So viele Frauen hatten durch die Zeit, die sie mit mir verbrachten, ein weiteres Stück ihres Herzens verloren. Ich selbst hatte sie zu Dingen angestiftet, die nicht im Sinne Gottes waren. Ich hatte Frauen von Gott weg und zu Satan hingetrieben. Ich konnte mich an keine einzige Frau erinnern, mit der ich eine Beziehung eingegangen war und deren Leben sich nach der Trennung zum Positiven gewendet hätte. Ich hatte einen Anteil daran, dass ihr Leben nicht so verlief, wie Gott sich das eigentlich für sie gedacht hatte. Die Schäden, die ich angerichtet hatte, konnten ohne Gottes Eingreifen nicht mehr heilen. Im Machtbereich des Satans gibt es keine nachhaltige oder ganzkörperliche Heilung.

Menschen wie ich, die andere verletzen, tun dies oftmals, ohne es selbst wirklich zu wollen, oder ohne die tatsächlichen Langzeitfolgen zu erahnen. Sie tun Dinge schlichtweg so, wie sie ihnen in den Sinn kommen, und meinen, ihren eigenen brillanten, hoch entwickelten, neuzeitlichen und top aufgeklärten Verstand zu benutzen. In Wirklichkeit folgen sie nur der Stimme des Zerstörers, der ununterbrochen ihren Verstand flutet und sie manipuliert.

Es gibt insofern keine wirklich freie Entscheidung bei vielen Dingen. Es gibt eigentlich nur die Entscheidung, auf Gott zu hören oder eben nicht. Wer sich dagegen entscheidet, Gott zu folgen, entscheidet sich automatisch dazu, Satan zu folgen. Deswegen ist Sünde im Kern auch keine moralische Verfehlung. Sünde ist nicht in erster Linie, sich von Satan leiten zu lassen und böse Dinge zu tun. Sondern der Kern der Sünde ist, sich gegen Gott zu entscheiden. Ich war total geflasht, als ich diese Zusammenhänge begriff. Was? Moment! Noch einmal. Gott, kannst du das wirklich so gemeint haben? Wir haben einen freien Willen, sind aber irgendwie doch nicht wirklich frei? Gott bestätigte es mir: »Du bist ein Sklave der Sünde.«

Gottes Offenbarung vervollständigte sich in den folgenden Sekunden und ich begriff, dass jeder Mensch von klein auf sowohl die Stimme Gottes als auch die des Zerstörers hören kann. Das führt natürlich zu inneren Kämpfen.

Da gibt es diese eine Stimme, die flüstert: »Nimm das Spielzeug, du hättest es doch so gerne, es würde dir solche Freude bereiten.«

Und die andere: »Nimm es nicht, es gehört nicht dir.«

Dieses innere Ringen nennen wir oft das Gewissen. Dieses Gewissen wird auch davon geprägt, wie ein Mensch sozialisiert wird und welche Dinge er erlebt. Immer, wenn ein Mensch eindrucksvolle Erfahrungen macht, wird das Gewissen beeinflusst. Jedes Mal, wenn ein Mensch lügt und er die Stimme, die ihn davon abhalten will, unterdrückt, verändert sich dieser innere Dialog. Und irgendwann ist von Gottes Stimme nichts mehr zu hören.

———

Angenommen das stimmt: Wie können wir dann andere Menschen verurteilen, weil sie etwas getan haben, was wir schlecht finden? Sie haben doch nur aufgrund ihrer Biografie, schlechter Erfahrungen und falscher Entscheidungen die Stimme Gottes verloren und folgen nun den Lügen Satans. Selbst der böseste Mensch ist in Wirklichkeit ein wundervolles und geliebtes Geschöpf Gottes. Er ist berufen zu einem Leben in Freiheit und auch er hat einen Platz im Reich Gottes. Gott weiß genau, wie er einen Menschen einsetzen würde, wenn der nur umkehren und Jesus nachfolgen würde. Jeder Mensch hat ein Herz, das Gott gerne verändern möchte. Und auch dem schlechtesten Menschen kann geholfen werden, wenn ihm die Augen geöffnet werden, und er auf einmal seine ausweglose Situation erkennt und ein »Ja« zu Gott und ein »Nein« zu Satan hervorbringt. Gott liebt diese Menschen und auch wir sollten sie lieben. Wir sollten für sie beten und gegen die bösen Mächte kämpfen, die sie beherrschen. Wir sollten ihnen durch unser Verhalten einen Einblick ins Reich Gottes geben. Wir sollten ihnen dabei helfen, die Wahrheit zu erkennen und sich für Gott zu entscheiden.

Jeder Mensch, der nicht an diesen Punkt gekommen ist, wird nach seinem Tod von Gott gerichtet werden. Er wird für all seine Entscheidung gegen Gott und für Satan die einzige gerechte Strafe empfangen: die ewige Trennung von Gott und die ewige Gemeinschaft mit Satan und seinen Dämonen. Diesen Ort bezeichnet die Bibel als Hölle.

Es steht jedem Menschen frei, diesen Kreislauf zu durchbrechen, ganz egal, welche Sünden er begangen hat. Denn Gottes Sohn, Jesus Christus ist auf die Erde gekommen und hat durch die Kraft des Heiligen Geistes ein Leben ohne Sünde gelebt. Er ist ans Kreuz gegangen, beladen mit der Sünde aller Menschen, damit jeder, der Zeit seines irdischen Lebens an Jesus glaubt und seinen Stellvertretertod annimmt, Vergebung für seine Sünde erlangt. Danach kann er ein Leben in Freiheit führen. Er kann Jesus nacheifern und ihm immer ähnlicher werden, auch das wieder durch die Kraft des Heiligen Geistes. Jesus hat den Tod besiegt und ist von den Toten auferstanden und wir dürfen ihm auf seinem Weg folgen. Auch wir werden auferstehen und in ewiger Gemeinschaft mit Gott leben.

Gott ruft uns immer wieder, er begegnet uns immer wieder. Mal lauter, mal leiser, mal sanfter, mal eindrucksvoller. Mal durch andere Menschen, mal als Stimme in uns drin. Er offenbart sich uns in der Bibel, er kam in der Person Jesu auf die Welt, er zeigt sich in seiner Schöpfung. Und immer wieder haben wir die Chance, seinem Ruf zu folgen, diesem Gefühl Raum zu geben, doch noch einmal in der Bibel zu lesen, doch einmal ein Gebet in den Himmel zu schicken.

———

Der freie Wille des Menschen ist vermutlich für den Großteil des Leids auf dieser Welt direkt verantwortlich. Aber natürlich gibt es noch andere Arten von Leid wie Naturkatastrophen, Hungersnöte, tragische Unfälle oder Krankheiten. Ich glaube, dass auch ein Großteil dieses Leids zumindest indirekt auf den freien Willen zurückzuführen ist. Ein einfaches Beispiel: Teile Italiens werden immer wieder von Erdrutschen heimgesucht. Ganze Dörfer werden weggeschwemmt oder unter Schlamm und Geröll begraben und Dutzende Menschen sterben.

Wenn so etwas passiert, dann ist das ein furchtbares Unglück. Ein Unglück, das passieren konnte, weil Menschen über Jahrhunderte hinweg den natürlichen Schutz entfernt haben: Wälder. Natürlich hat der einzelne Mensch, der von diesem Unglück betroffen ist, höchstwahrscheinlich keine Bäume gefällt. Aber jemand anderes hat es getan, viele Jahre oder gar Jahrhunderte zuvor. Es war seine freie Entscheidung und diese sorgt Jahrzehnte später indirekt für Leid.

Auch freie Entscheidungen, die beispielsweise in der Pharma-industrie getroffen werden, können ihren Teil zum Leid beitragen. Stell dir vor, ein Pharmaunternehmen geht an die Börse und muss den Aktionären jetzt gigantische Renditen bescheren. Dann hat dieses Unternehmen möglicherweise gar kein Interesse mehr daran, die Menschen zu heilen. Viel wichtiger ist es, Arzneimittel zu verkaufen. Für einige Krankheiten gibt es jedoch alternative Behandlungs- und Heilungsansätze, die allerdings nicht weiter-verfolgt werden, weil man damit nur wenig bis kein Geld verdie-nen kann. Stattdessen investiert das Unternehmen lieber Geld in Medikamente, deren Wirksamkeit zwar umstritten ist, die dank aggressiver Werbung dennoch gut verkauft werden können. Die Gier dieses Pharmaunternehmens würde dann dazu beitragen, dass unzählige Menschen nicht geheilt werden – im schlimmsten Fall sogar abhängig werden von den Medikamenten, die sie ein-nehmen.

Es geht sogar noch weiter. Jeder Mensch, der direkt oder indi-rekt in Form von Aktien oder Fonds Anteile an Pharmaunterneh-men hält, gehört zu einer anonymen, großen Masse, die enor-men Druck auf die Manager von Pharmaunternehmen ausübt. Die Manager müssen Gewinne und immer bessere Ergebnisse erzielen, um ihren Job nicht zu verlieren, und werden deswegen dazu verleitet, Entscheidungen zu treffen, die nicht das Wohl der Menschen, sondern lediglich das der Aktionäre berücksichtigen.

Exportweltmeister mit Gewächshauszwiebeln

Die Industrialisierung hat uns eine ungeheuerliche Produktion beschert. Und damit auch Reichtum und Nahrungsmittel im Über-fluss. Noch heute profitieren in den meisten Teilen Westeuropas sehr viele Menschen davon, auch wenn wir natürlich längst mitten in der Digitalisierung stecken. Doch diese enorm leistungsstarke Produktion hat auch eine Schattenseite: die Überproduktion, wodurch die Ware ihren Wert verliert. Wir hatten beispielsweise schon Milchseen und Butterberge, die in erster Linie dafür gesorgt haben, dass Bauern weniger Geld bekommen. Die Folge waren EU-Subventionen für landwirtschaftliche Betriebe.

Wäre es nicht viel besser, all diese vielen schönen Produkte günstig woanders zu verkaufen? Das klingt nach einem edlen Ansinnen. Und möglicherweise könnte es auch edel durchgeführt werden, doch geht es in erster Linie nicht darum, hungernden Menschen zu helfen, sondern darum, Geschäfte zu machen.

Nehmen wir an, dass sich eine europäische Firma auf Gemüsezwiebeln spezialisiert hat, die vollautomatisch gepflanzt, bewässert, genährt, temperiert und am Ende geerntet werden. In einer kleinen Fabrik mit wenigen Mitarbeiten können Millionen von Zwiebeln produziert werden. Aber wohin mit all den Zwiebeln? Nun könnte man sich die passenden Lobbyisten suchen, welche das EU-Parlament davon überzeugen, dass es beispielsweise mit Marokko eine Vereinbarung träfe, die Marokko ein günstiges Darlehen ermöglicht, um Waffen oder was auch immer zu kaufen. Im Gegenzug lässt Marokko Zölle und Einfuhrbeschränkungen für die Gemüsezwiebeln fallen. Der Deal steht.

Dummerweise schmecken den meisten Marokkaner die einheimischen, unter echter Sonne und in echter Erde gewachsenen Zwiebeln viel besser. Sie sind auch bekömmlicher und voller guter Nährstoffe. Wie will da ein europäisches Unternehmen Fuß fassen? Easy. Das Unternehmen verramscht die Zwiebeln zu einem Zehntel des normalen Zwiebelpreises. Moment mal, das ist ja schön für die Bevölkerung, wenn Lebensmittel günstig werden, aber ging es nicht gerade darum, zu günstige Preise zu verhindern? Doch, doch. Zunächst macht das Unternehmen sogar Verlust. Aber nicht aus lauter Menschenliebe. Der Plan geht nämlich weiter.

Zuerst springen einige Hotels auf die günstigen Zwiebeln auf. Den europäischen Gästen ist es schließlich egal, wo die Zwiebel herkommt. Solange sie nicht wissen, dass es Zwiebeln gäbe, die viel besser schmecken, reicht es, wenn der Urlaub schön günstig ist. Auch die Restaurants außerhalb der Hotels machen mit. Schließlich die Supermärkte und am Ende die Endabnehmer. Wer aufs Geld schauen muss, muss auch gewisse Nachteile ignorieren. Die einheimischen Zwiebelbauern können mit den Preisen der Europäer nicht mithalten. Sie gehen pleite. Manche erhalten Kredite, um auf andere Produkte umzustellen, andere nicht. Die Regierung ist mit der Abwicklung der Rüstungsdeals beschäftigt, Subventionen für landwirtschaftliche Betriebe wie in Europa gibt's nicht.

Die europäischen Zwiebeln finden jetzt also reißenden Absatz, es gibt ja kaum noch Alternativen. Der Zeitpunkt ist gekommen, die Preise zu erhöhen. Ganz normaler marktwirtschaftlicher Effekt. Wird auf vielen Märkten so gemacht. Die einheimische Bevölkerung hat sich mittlerweile an die fade Gewächshauszwiebel gewöhnt. Der eine oder andere, der ohnehin schon eher schwächlich war, leidet jetzt an Mangelerscheinungen. Medikamente dagegen gibt's keine. Man könnte freilich aus Europa etwas importieren.

Dass die Gewinne auf Kosten der einheimischen Bevölkerung eingefahren werden, scheint in Brüssel oder in europäischen Wohnzimmern niemanden zu interessieren. Die Aktionäre sind glücklich, denn die Zwiebelfirma ist nun viel mehr wert, die Kurse sind gestiegen und es gibt eine höhere Dividende. Die Versicherungen sind glücklich, denn sie können ihr Geld bei solchen Firmen gut anlegen und auf diese Weise ihren Kunden günstige

Preise anbieten. Der Bürger ist glücklich, denn die europäische Wirtschaft brummt. Wieder Exportweltmeister geworden. Die Zwiebelpreise sind moderat und die Versicherungspreise günstig, wer Geld übrighat, kauft ebenfalls Aktien der Zwiebelfirma. Der Staat ist glücklich, denn der Bürger ist zufrieden und der Unternehmer zahlt seine Steuern in Europa.

Die ehemaligen Zwiebelbauern, die sich nun als Wanderarbeiter ihren Lohn verdienen müssen, ihre Höfe und Häuser verloren haben, Schulden haben, ihren Kindern keine Zukunft mehr bieten können, den Sohn als Wirtschaftsflüchtling nach Europa schicken, die Tochter als Prostituierte verkaufen, sind die Schattenseiten, welche hierzulande tatsächlich niemanden interessieren.

Niemanden? Nun ja, ehrlich gesagt anscheinend doch, denn es gibt ja sehr viele Vereine und Hilfsorganisationen, welche etwas gegen die Armut in Afrika tun wollen – und es gibt viele Menschen, die viel Geld spenden. Das ist kein Problem. Zehn Prozent der Aktiendividenden kann man schon abgeben. Andere haben nicht so viel Geld oder wollen keines spenden. Sie beten lieber für Afrika und jammern.

Wenn viele kleine Leute an vielen kleinen Orten viele kleine Dinge tun, können sie die Welt verändern, heißt es in einem Sprichwort. Schon richtig. Aber nicht zwangsläufig zum Guten.

»Gott, warum greifst du nicht ein? Warum lässt du all das zu?«

»Okay, dann lass ich mal Feuer vom Himmel fallen und die Häuser aller Aktionäre verbrennen.«

Na denn – gute Nacht.

———

Das war jetzt ein fiktives, vereinfachtes und teilweise übertriebenes Beispiel. Aber die Mechanismen laufen genauso ständig und in vielen Teilen der Welt ab. Der Einfachheit halber könnten wir all diese Dinge unter der gefallenen Schöpfung zusammenfassen. Die Menschen treffen einfach schon eine ganze Weile falsche Entscheidungen und all diese Entscheidungen summieren sich auf zu der Welt, wie wir sie heute erleben. Jeder Einzelne ist Teil davon, auch du und ich.

Eigentlich hätte diese Welt nichts Gutes verdient. Wir gehen unseren eigenen Weg, wollen von Gott nichts wissen. Unsere Entscheidung. Warum aber jammern wir dann, wenn schlechte Dinge passieren, obwohl wir selbst dafür verantwortlich sind? Nun, tatsächlich passieren nicht nur böse Dinge. Im Gegenteil. Viele Menschen sind der Meinung: Das Leben ist schön. Selbst, wenn sie in Armut leben oder Leid erfahren. Wir leben auf einer wunderbaren Welt mit Tieren, die uns zum Staunen bringen, und einer atemberaubenden Natur. Und Gott ruft uns alle hinein in ein Leben im Überfluss. Um das auch in aller Ewigkeit genießen zu können, hat er seinen Sohn für uns hergegeben.

Das alles und noch viel mehr, ist reine Gnade.

6 GNADE – Plötzlich redete ich klingonisch. Ich fragte: Gott, bist du das?

Das Sprachengebet kam ganz plötzlich. Ich war bei meiner Mutter zu Besuch, hatte dort eine Wunderheilung erlebt und wollte jetzt wieder nach Hause fahren. Ich griff zur Autotür und wollte Gott einfach nur Danke sagen. Aus meinem Mund kam aber eine Sprache, die ich nicht kannte, und mich durchfuhr ein Energiestrom. Ich erschrak: Hatte mich jetzt etwa der »Geist aus der Tiefe« erwischt? Ich kannte die Berliner Erklärung, in der sich einige Kirchen von charismatischen Gemeindebewegungen distanzierten und Dinge wie das Beten in seltsamen Sprachen dem Wirken Satans zuschrieben. Ich bekam etwas Angst. Was sollte ich jetzt tun?

Zu Hause in meinem Bett betete ich: »Herr wenn das dein Heiliger Geist war, dann lass mich jetzt noch mal das Gleiche erleben.«

Prompt redete ich in einer mir fremden Sprache und wieder durchfuhr mich die gleiche Energie, die ich auch nachmittags am Auto gespürt hatte.

What the...? »Herr, wenn du das jetzt noch einmal machst, dann glaube ich, dass dies der Heilige Geist ist.«

Ohne Verzögerung ereignete sich das Ganze zum dritten Mal und mir war klar, dass ich soeben mein eigenes kleines Pfingsten erlebt hatte. Seit diesem Erlebnis nutzte ich die Gabe der Zungenrede so viel es ging. Meist für mich alleine, um einfach eine gute Zeit mit Gott zu haben, später auch im Lobpreis oder beim Gebet für andere. Es ist einfach eine großartige Gebetsform, während der ich ganz zur Ruhe komme, insbesondere mein Leib und meine Seele. Nur der Geist ist dabei aktiv. Es ist viel einfacher, sich auf Gott zu konzentrieren, wenn man in Sprachen betet.

In diesen Gebetszeiten höre ich oft Gottes Stimme. Er schenkt mir Heilung, eine Offenbarung oder Erfrischung, wenn ich gerade gestresst und angespannt bin. Ich würde mir ganz wie Paulus wünschen, dass viel mehr Menschen in Sprachen beten würden. Das würde ihnen und der Welt guttun. Aber es ist und bleibt eine Gnadengabe. Auf keinen Fall ist es Belohnung oder eine Leistung, für die man sich selbst auf die Schultern klopfen könnte. Es ist mehr etwas Wunderschönes, etwas Angenehmes. Ein Genuss. Das heißt auch, dass sich niemand etwas drauf einbilden kann in Sprachen zu beten. Niemand hat sich das Sprachengebet erkämpft oder irgendwie verdient. Wer das Sprachengebet als Leistung ansieht, für den ist das Auspacken einer Tafel Lieblingsschokolade wahrscheinlich ebenfalls Schwerstarbeit.

Bei einer meiner Gebetssessions bekam ich sogar eine zweite Sprache. Ich wollte aktiv gegen dämonische Einflüsse beten, und da ich zu diesem Zeitpunkt sehr wenig Erfahrung mit solchen Dingen hatte, war ich mir noch sehr unsicher. Ich betete einfach in Sprachen, bis ich ganz ruhig geworden war und mich bereit fühlte, das Problem gezielt anzusprechen. Und schwupps betete ich plötzlich in einer neuen Sprache. Das war ziemlich spannend und klang irgendwie klingonisch.

Vom Sprachengebet und anderen Gnadengaben

In der Bibelschule meiner Frau – die damals allerdings noch meine Verlobte war – stand einmal pro Jahr ein Auslandseinsatz an. Sie wurde der Kasachstangruppe zugeteilt und durfte diese auch leiten, ich durfte sie begleiten. Ich habe im Kapitel über Heilung schon über diesen Einsatz berichtet. Vor Ort gab es einen ehemaligen Bibelschüler, der Zhenja hieß und der mit seiner Frau eine Kirche und ein Reha-Zentrum für obdachlose Alkoholiker und Drogenkranke gegründet hatte. Es war ein ziemlicher Kulturschock für mich, zu sehen, wie die Menschen dort lebten, insbesondere in den abgelegenen Dörfern.

In der Straße neben Zhenjas Kirche war ein Loch im Boden. Ein riesiges Loch. Es war der Eingang zu einem Versorgungsschacht einer Erdwärmeleitung.

»Da drin schlafen die Obdachlosen«, sagte Zhenja zu mir.

Aus diesem Loch hatte er seinen allerersten »Klienten« geholt. Er war voller Drogen gewesen, hatte sich eingepisst und schlief völlig zugesoffen und verwahrlost in einer Ecke.

Zhenja kam zu ihm und fragte: »Willst du ein neues Leben haben?« Er sagte »Ja«.

Zhenja nahm ihn mit, erklärte ihm das Evangelium von Jesus Christus. Er nahm Jesus als seinen Retter an und Jesus transformierte ihn. Heute ist er der Leiter des Reha-Zentrums und hat über die Jahre schon zig Menschen geholfen, den gleichen Weg zu gehen wie er.

Sonntags feierten sie in der Kirche Gottesdienst, zu dem die Mitarbeiter und einige Besucher des Reha-Zentrums kamen. Auch einige Familien aus der Umgebung, deren Kinder zum Glauben gekommen waren, kamen zum Gottesdienst. Unser Bibelschulteam durfte den Gottesdienst an einem Sonntag leiten. Nach der Predigt kam eine Frau zu mir und fragte, ob sie auch den Heiligen

Geist empfangen könne, sie sei immerhin schon ein paar Monate gläubig.

»Ja klar«, sagte ich und aus für mich im Nachhinein überhaupt nicht nachvollziehbaren Gründen sagte ich: »Ich werde dir nun drei Sprachen vorbeten und du suchst dir eine aus!«

Zhenjas Mimik entglitt ihm beim Übersetzen und ich hatte keine Ahnung, wo ich die dritte Sprache herholen würde. Sie nickte.

Ich fing an, in der ersten Sprache zu beten.

Dann in der zweiten. Bevor ich zur dritten kommen konnte, sagte sie: »Ich will die erste.«

Nun gut, wir legten ihr die Hände auf, ich betete vor, sie betete nach. Nach ein paar langsamen Anfangssätzen sprudelte es nur so aus ihr heraus.

Zhenja sagte hinterher zu mir, dass er noch niemals zuvor so etwas gesehen habe – diese Freiheit, diese Einfachheit und wie Gott sich dazustellte und tatsächlich tat, was ich versprochen hatte. Nun ja, ich denke nicht, dass ich etwas versprochen oder etwas Besonderes getan habe. Gott tat, was er ohnehin tun wollte, und benutzte mich einfach dazu. Vielleicht brauchte diese Frau exakt diese durchgeknallte Art, und ich war in dem Moment genau das Werkzeug, das Gott benutzen wollte.

> GOTT TAT, WAS ER OHNEHIN TUN WOLLTE, UND BENUTZTE MICH EINFACH DAZU. VIELLEICHT BRAUCHTE DIESE FRAU EXAKT DIESE DURCHGEKNALLTE ART.

———

Einmal war ich auf einer Konferenz im Osten Deutschlands zu Besuch. Einer der Prediger lehrte zum Thema Sprachengebet und über die Auslegung des Gebets. Er erklärte, dass das Sprachengebet für einen persönlich sehr vorteilhaft sei. Das heißt, wenn man leise für sich oder aber in der persönlichen Gebets- oder Lobpreiszeit in Sprachen betet, dann hilft es einem auch persönlich. Genau das hatte ich ja erlebt. Der Prediger redete weiter und sagte, wenn jemand in der Öffentlichkeit in Sprachen betet, müsse es auch ausgelegt werden. Sonst könne ja keiner verstehen, um was es da ginge. Mir leuchtete das ein. Vielleicht gibt es in manchen Kreisen ein solches Misstrauen dem Sprachengebet gegenüber, eben weil es so selten ausgelegt wird. Und dann klingt es für Menschen, die nicht in Sprachen beten, eben wie ein Gebrabbel oder Gesäusel.

Aber wie soll das praktisch ablaufen? Der Prediger forderte uns auf, Gott zu bitten, uns die Auslegung zu geben, wenn wir in Sprachen beteten. Es folgte eine Lobpreiszeit, in der wir das ausprobieren konnten. Wie so oft sang ich in Sprachen, aber auf einmal verstand ich, was ich da soeben gesungen hatte. Es war sehr merkwürdig. Ich kam mir vor, als schwömme ich in einem Strom des Heiligen Geistes. Aber anstatt einfach nur die Bewegung und die Umgebung zu genießen, konnte ich jetzt alles klar erkennen. Er weihte mich in seine Geheimnisse ein. Zwar bewegte ich meinen Mund aktiv, aber es gab da eine übergeordnete geistliche Komponente, die außerhalb meiner Kontrolle und Möglichkeiten war.

Die Auslegung des Sprachengebets ist ein Geschenk Gottes, wie das Sprachengebet selbst. Das sind zwei von vielen verschiedenen besonderen Begabungen, die Gott für uns hat. Paulus spricht davon, dass jeder Christ mindestens eine besondere Gabe aus Gnade zugeteilt bekommt. Diese Gabe wird uns vom Heiligen Geist gegeben, weshalb sie oft auch Geistesgaben genannt werden. Wir sollen sie einsetzen, um anderen Menschen zu dienen. Dieser Teil der biblischen Botschaft ist wirklich abgefahren und taugt dazu, Menschen zu begeistern. Es ist ein bisschen agenten- oder superheldenmäßig. Wir alle haben eine besondere, übernatürliche Begabung und gemeinsam sind wir ein Superheldenteam, in dem sich alle bestens ergänzen und bereit sind, die Welt zu verändern.

Übrigens ist auch Heilung eine Gnadengabe. Das heißt aber nicht, dass wir darauf warten müssen, bis uns der Geist Gottes diese Gabe verleiht. Nein, wir können jederzeit zu kranken Menschen gehen und für sie beten. Wer aber ganz speziell die Gabe der Heilung hat, wird größere Dinge erleben als andere Christen. Jeder kann auf die Straße gehen und Menschen von Jesus erzählen, wer aber die Gabe der Evangelisation hat und diese Gabe auslebt, wird wahrscheinlich viel wirksamer sein als andere Christen. Jeder kann im Hauskreis oder in seiner Kirche Dinge weitergeben, die er in der Bibel entdeckt und verstanden hat. Wer aber eine spezielle Predigergabe hat, kann Tausende von Menschen mitreißen. Oder sagen wir besser: der Heilige Geist wird durch ihn wirken und so Tausende Menschen mitreißen. Es lohnt sich wirklich sehr, in der Bibel über Geistesgaben zu lesen und dann danach zu forschen und auszuprobieren, welche Gabe man hat. Es ist wichtig, seine Gaben zu trainieren und darin zu wachsen.

Gleichzeitig möchte ich bei dem Thema ein bisschen auf die Bremse treten. Manchmal habe ich den Eindruck, gerade in charismatischen Kreisen wird das Thema etwas aufgebauscht. Dann kommt es so rüber, als würde man vom Heiligen Geist getauft werden, und mit einem Schlag hat man die krasse Lobpreisbegabung, kann plötzlich singen wie Whitney Houston und Gitarre spielen wie Eric Clapton. Ich will nicht bezweifeln, dass es so etwas geben kann. Es gibt Geschichten von kleinen Kindern, die plötzlich predigen, als seien sie seit Jahrzehnten mit Jesus unterwegs. Aber der Normalfall ist wohl eher, dass man einfach anfängt, gehorsam zu sein und dann als Christ und auch in seiner Geistesbegabung reifer wird.

Außerdem sollte die Tatsache, dass man meint, eine Gnadengabe bei sich entdeckt zu haben, nicht dazu führen, die anderen Dinge einfach sein zu lassen. Nur weil jemand gut predigen kann, heißt das nicht, dass er nicht auch für Kranke beten soll oder nicht mehr in der Gemeinde zu dienen braucht. Ohnehin geht das Thema Gnade weit über besondere Begabungen hinaus. Ich würde sogar sagen, dass die Sache mit den Gnadengaben der kleinste Teil der Gnade ist.

Alles Gnade, oder was?

Meine bisherige Reise mit Jesus dauert inzwischen etwas über acht Jahre und sie ist in verschiedene Etappen unterteilt. Die ersten sechs Monate war ich wie auf Wolke sieben. Ich war erfüllt, ich war glücklich, ich war angenommen und Gott begegnete mir auf vielerlei Arten. Ganz besondere Momente hatte ich jedoch abends, wenn ich in mein Schlafzimmer ging, mich umgezogen hatte und mich vor meine Kommode auf den Boden setzte. Ich redete mit Gott. Meine Gebete sahen im Wesentlichen wie folgt aus:

> Gott,
> ich danke dir, dass du mich dreckiges Schwein gerettet, angenommen und mit Jesu Blut reingewaschen hast. Ich danke dir, dass du mich liebst, mir alles vergeben hast und immer bei mir bist.
> Amen.

In den meisten Fällen war Gottes Gegenwart in den Raum gekommen, noch bevor ich mein Gebet zu Ende gesprochen hatte. Dann hockte ich einfach da und genoss seine Gegenwart. Mein Herz wurde warm und sehr oft redete Gott in dieser Zeit zu mir. Sehr cool war es beispielsweise, schon samstagabends zu erfahren, was am Sonntag im Gottesdienst passieren würde. Gott gab mir kleine Aufträge, forderte mich damit oftmals heraus, meine Grenzen zu sprengen. Wir hatten großen Spaß zusammen.

Was ich damals nicht wusste, war, dass nicht jeder das Evangelium der Gnade so verstanden hatte wie ich, geschweige denn so ähnliche Dinge erlebte wie ich. Ich dachte damals, dass jeder doch wohl so oder so ähnlich mit Gott leben würde. Ich dachte, dass so ziemlich jeder Christ solche Gespräche mit Gott führen müsste. Vor allem Pastoren und Prediger. Und so nahm ich die Dinge, die Pastoren in ihren Predigten sagten, an und befolgte sie. Ich ging davon aus, dass sie alles, was sie predigten, in persönlichen Gebetszeiten von Gott erfahren hatten, so wie ich das ja auch erlebte. Selbst wenn mir manches irgendwie komisch vorkam. Ich wollte gehorsam sein und mich der Gemeindeleitung unterordnen, sie als mir zugewiesene, von Gott gegebene Obrigkeit anerkennen und ehren.

Das sind auch gute Gedanken. Inzwischen weiß ich aber, dass sie auch sehr einseitig sind. Durchaus: wir sollen uns unseren Leitern unterordnen. Wir sollen aber auch alle Dinge selbst prüfen, um nicht blind in irgendeinen Sumpf zu rennen, wie ich das tat.

Zu dieser Zeit war es in meinem christlichen Umfeld üblich, dass man sich zu Gebetsabenden traf oder in seiner persönlichen Zeit mit Gott viel betete. Unter Gebet wurde üblicherweise verstanden, Gott eine Liste mit Dingen vorzuhalten, die er bitte schön zu erledigen hätte. Andere erklärten mir, ich müsse für die Sünden von Nazi-Deutschland stellvertretend Buße tun, damit Gott auf Deutschland nicht mehr zornig wäre, sondern Gnade gäbe. Es wurden Gebetsketten organisiert, die auf der Idee basierten, dass wenn ein Anliegen ununterbrochen vor Gottes Thron gebracht würde, er sich der Sache irgendwann annehmen und reagieren würde. Einmal erhielt ich eine Anleitung, wie man

> **WIR SOLLEN AUCH ALLE DINGE SELBST PRÜFEN, UM NICHT BLIND IN IRGENDEINEN SUMPF ZU RENNEN, WIE ICH DAS TAT.**

das Vaterunser in 60 Minuten, also fünf Minuten pro Teil, beten konnte. Da war man gut beschäftigt. Und natürlich wurden all diese Annahmen und Sichtweisen mit Bibelstellen untermauert. Umso wichtiger ist es, einer Predigt mit der Bibel in der Hand zu lauschen und eine Bibelstelle im Zweifel auch im Kontext zu lesen.

Nun, brav wie ich war, gab ich mich diesen geistlichen Fitnessübungen aufopferungsvoll hin. Nach einer Weile fragte ich mich, warum mich Gott abends nicht mehr besuchen kam. Mein Jugendpastor meinte, dass ich inzwischen vielleicht reifer im Glauben geworden war und ein erwachsener Christ so eine Sonderbehandlung nicht mehr brauche.

»Ein reifer Christ wandelt im Glauben, auch wenn er Gott nicht spürt«, sagte er.

Also wandelte ich im Glauben, aber Spaß machte das nicht. Ich suchte weiter, stieß auf Healing-Room-Konzepte, Gebetsveranstaltungen, Fürbitte und steigerte mein Pensum an Wortschwallen, die ich in den Himmel schickte. Ich lernte, wie man geistliche Mächte über Orten oder sogar ganzen Städten bannte, für die Ehen in Deutschland eintrat, den Weltfrieden vom Himmel herbeischrie und wie man die tollsten Dinge prophetisch in Existenz autorisierte. Als es darum ging, ein Kommittent einzugehen, also eine bestimmte Zeit pro Tag für ein Anliegen einzusetzen und nonstop zu beten, um noch besser zu werden und noch mehr zu bewegen und ein noch tollerer Christ zu sein, war ich am Ende.

Ich war in einer Sackgasse angekommen. Und diese Sackgasse hat einen Namen. Sie heißt: »das Leistungsevangelium«.

Ja klar, ich hatte viele übernatürliche Dinge erlebt, aber das Kostbarste, was ich zu Beginn meines Lebens mit Gott hatte, war mir abhandengekommen: Meine tiefe, persönliche Zeit mit Gott. Ich war damals sehr unzufrieden und fühlte mich schlecht. Meine Tage waren gefüllt mit geistlichen Terminen: Hauskreis, Lobpreisbandprobe, Gebetsabend, Lobpreisabend, Straßeneinsatz,

Gottesdienste, Evangelisationen sowie persönliche Bibellesezeit und Gebetszeit. Ich wollte so gerne mehr von Gott wissen und dachte, ich müsste einfach mehr Einsatz oder Leistung bringen, um mir dieses Mehr zu verdienen.

Dann bekam ich allerdings ein Skandalbuch in die Hände, vor dem damals einige Christen warnten und dem Autor unterstellten, er würde ein falsches Evangelium predigen. Es war »A Better Way To Pray« von Andrew Wommack, der sich darin ziemlich radikal mit dem Thema Gebet auseinandersetzt und beispielsweise behauptet, das Gebet sei das am häufigsten missbrauchte Element des christlichen Glaubens. Ich wurde durch dieses Buch allerdings herausgefordert, meinen Wandel mit Gott erneut zu überdenken. Ich war unbewusst in Religion geschlittert. Ich hatte Gott nach meinen eigenen Maßstäben gedient und nicht nach seinen. Das Leistungsevangelium ist von der Kanzel herab eine großartige Theorie. Leider keine, die so in der Bibel zu finden ist und in der Praxis führt sie zu Totalversagen, Burn-out – zumindest geistlichem –, Gesetzlichkeit und Hartherzigkeit. Das war mal wieder ein Wendepunkt in meinem Leben und ich begann, die Religiosität radikal rauszuschmeißen, wenn ich sie in meinem Leben fand.

Eines Tages fuhr ich von der Arbeit nach Hause und mir kam eines meiner Lieblingslieder in den Sinn: »Oh Herr, gieße Ströme des lebendigen Wassers aus …«. Auf einmal sprach der Heilige Geist zu mir: »Ich habe einen anderen Text für dich« Gott sprach zu mir darüber, dass er sein lebendiges Wasser bereits ausgegossen hatte, damals beim ersten Pfingstfest. Der Strom Gottes, der überallhin Versorgung bringt, fließt ununterbrochen vom Thron Gottes her in unsere Welt. Und dieser Strom ist auch in mein eigenes Herz schon ausgegossen worden. Er schenkte mit neue Sicherheit ins

Herz, dass ich von ihm bevollmächtigt worden bin, in das dürre Land hinauszugehen und dort das lebendige Wasser, das er in mich ausgegossen hat, hineinzubringen.

Ich war geflasht. Macht es Sinn, Gott um etwas zu bitten, was er schon längst im Überfluss gegeben hat?

Ich stelle mir vor, mein Junge würde mich besingen: »Oh Vater, bitte bringe mir was zu essen mit, lass mich nicht verhungern«, und ich würde kurz einen Blick in den Kühlschrank werfen und mich versichern, ob auch alles mit rechten Dingen zugeht oder ob ich möglicherweise an Alzheimer leide und vergessen hätte, einzukaufen. Aber nein, alles gut, der Kühlschrank ist voll. Und dann würde ich mich fragen, warum er so ein dummes Zeug singt. Ich bin doch kein fieser Vater, der erst besungen werden muss, damit er sein Kind nicht dem Hungertod überlässt! Ich dachte über das Gottesbild nach, das mich geprägt hat und das auch durch verschiedene Lieder Gestalt gewonnen hat. Weiß ich, dass Gottes Versorgung immer für mich greifbar ist, dass seine Liebe und der Heilige Geist ausgegossen ist? Wissen wir Christen das durch und durch? Mir ist klar, dass wir auch als Kinder Gottes in Situationen kommen können, wo uns die Versorgung nicht ganz präsent ist. Ich habe das Bild von meinem Sohn vor mir, als er noch im Hochstuhl saß und mit den drei Wörtern, die er kannte, nach Essen jammerte. Obwohl sein Vater sich um alles gekümmert hatte, empfand er einen Mangel. Welches Bild würde mein Sohn weitergeben, wenn er daraus ein Bitt- oder Bettellied basteln würde und nur noch das in seinem Auto singen würde, sich mit Freunden treffen würde, um es gemeinsam zu singen und am Ende noch eine CD aufnehmen würde, damit Millionen von Menschen es hören?

Ich ließ das neue Lied in mir arbeiten. Am folgenden Sonntag ging ich in den Gottesdienst und nach den ersten schnellen Liedern folgte ein langsames. Schon beim ersten Akkord wusste ich, was kommen würde. Mir lief es heiß und kalt den Rücken runter. Was sollte ich jetzt nur tun? Es war wieder so ein Moment, den Gott gemacht hatte: Er wollte uns einmal mehr versichern, dass seine Versorgung für uns da ist. Und er brauchte irgendein Werkzeug, das verrückt genug war, die traditionelle Norm zu sprengen, um seine geliebten Kinder zu erreichen und ihnen zu helfen.

Okay, ich tue es.

Es gab einen Gottesdienstleiter, einer der Ältesten. Ich ging zu ihm und sagte: »Gott hat mir eine Botschaft zu diesem Lied gegeben, die für alle hier gedacht ist. Er hat doch alles schon getan uns möchte, dass wir darin sicher stehen können.«

Er stimmte mir zu meiner Überraschung zu. »Ja, genau.«

Aber weiter keine Reaktion. Ich ahnte, dass ich nun gefordert war. »Gut, kann ich dann etwas dazu zu der Gemeinde sagen?«

Mit seiner Zustimmung ging ich nach dem Lied auf die Bühne und fing an zu stammeln, dass Gott zu mir im Auto gesprochen hatte. Ich versuchte, zu erklären, was ich erlebt hatte ... – blankes Entsetzen in den Gesichtern der etwa 300 Gottesdienstbesucher. Ich merkte, dass ich so nicht weiterkommen würde, und wünschte mir, den Text, den Gott mir als Zuspruch ins Herz gegeben hatte, ausgedruckt vor mit zu haben.

Ich schickte ein Stoßgebet ab: »Gott, bitte hilf mir, den Text auf die Reihe zu bekommen.«

Dann bat ich den Lobpreisleiter am Klavier, er möge doch noch mal das Lied spielen. Ich sang. Ich bin kein guter Sänger. Es muss ziemlich grausam geklungen haben. Aber irgendwie kamen die Worte raus, das Lied war vorbei und es gab von der einen Hälfte der Anwesenden Applaus, während die andere Hälfte immer noch Fragezeichen im Gesicht hatte. Zurück an meinem Platz war ich das erste Mal seit Langem wieder total von Gott erfüllt, wie am Anfang unserer Beziehung.

Die folgenden Jahre waren hart. Ich musste sehr viel verlernen, was mir von den Menschen beigebracht worden war, um zurück zur ersten Liebe zu kommen. Ich musste neu lernen, dass Gott mich zuerst geliebt hat, zu einem Zeitpunkt, an dem ich nichts als Hass und Verachtung für ihn übrighatte, als ich noch ein Sünder war und den Tod verdient hatte. Ich hatte seine Gnade nicht verdient und dennoch ist Jesus für mich ans Kreuz gegangen, um mich zu erlösen. Es gibt nichts, was ich tun kann, um mir diese Gnade zu verdienen, und genauso wenig musste ich mir die Liebe des Vaters verdienen. Ich war doch ein Adoptivsohn seiner königlich-göttlichen Familie. Ich bekam doch alles aus Gnade.

Ich begriff, dass Satan keine Macht mehr hatte. Jesus hatte ihn entwaffnet, beschämt und besiegt. Im Gebet vom heimischen Wohnzimmer dämonische Mächte über unserer Stadt binden? Da gehe ich doch lieber direkt zu den belasteten, verlorenen, besessenen Menschen und demonstriere ihnen, dass Jesus sie frei gemacht hat. Erweckung über Deutschland herbeibeten? Lieber nutze ich die Zeit, um den Menschen zu erzählen, wie sehr Gott sie liebt.

Dieses Umdenken führte auch zu einer völlig anderen Bevollmächtigung im Dienst. Ich sprach viel auf Bühnen, erzählte meine Geschichte weiter und demonstrierte live auf der Bühne, dass Jesus in Sekunden heilt. So was schockt natürlich und die Aufmerksamkeit meiner Zuhörer war mir spätestens ab diesem Moment sicher. Mir? Viel eher dem, was ich anschließend sagte. Und so hängte ich an jedes Zeugnis die Botschaft der Gnade dran. Die Botschaft von Jesus Christus, vom neuen Bund, von einem Leben als Sohn, ohne Leistung, vom Evangelium des glückseligen Gottes, von einem Vater im Himmel, der sich über jedes seiner Kinder freut und versprochen hat, nie mehr zornig auf sie zu sein (Jesa-

Acht Ringe für ein Halleluja

Nathanael und Yuliya,
zwei Turteltäubchen

Wer den Brautstrauß fängt,
darf als Nächste heiraten

Rosen – so viele, wie die Verlobte tragen konnte

Immer mal das Leben nicht allzu ernst nehmen

Reha-Zentrum in Kasachstan

Lametta-Gottesdienst in Indien

Apostelgeschichte reloaded

»Healed in the name of JESUS CHRIST!«

In Indien – am letzten Abend kamen über 6 000 Besucher

Stilvoll mit Stil

Schwanger, und kein bisschen müde

Bei Jesajas Einschulung – und irgendwann fahren sie mit dem Auto weg ...

Familienglück ist, wenn Familie glücklich ist!
V. l. n. r.: Jesaja, Nathanael, Yuliya, Genesis Emilia

ja 54,9). Ich sprach von einem Heiligen Geist, der erlebbar ist, der in mir wohnt, der mich bewegt. Von der Vollmacht, die Jesus mir gegeben hat, ganz genau wie seinen Jüngern, wie der ersten Gemeinde, wie Paulus und vielen mehr. Und zum Schluss fragte ich die Menschen, ob sie auch so leben möchten.

Warum erlebe ich das nicht?

Wenn ich anderen Menschen von meinem Leben mit Gott berichte, kommt immer wieder diese Frage auf: »Warum erlebe ich solche Dinge nicht?«

Diese Frage impliziert, dass Gott in seiner Gnade (oder ist es etwa Willkür?) entscheidet, wer ihn erleben darf und wer nicht. In der Bibel lese ich allerdings, dass Gott kein Ansehen der Person kennt. Er hat den Heiligen Geist über alle ausgegossen – in vollem Maß. Jeder, der mit Gott unterwegs ist, hat alles bekommen. Ich denke, es ist weniger Gott, der irgendwas zurückhält, sondern vielmehr mangelnder Glaube.

Zuallererst würde ich jedem Menschen empfehlen, sein eigenes Leben genau anzusehen. Ich bin mir sicher, dass jeder, der mit Gott unterwegs ist, seine Gegenwart schon einmal stark gespürt hat oder ein Wunder erleben durfte. Es war vielleicht ein unspektakuläres Wunder, es war vielleicht nicht genau das, was man sich erwartet hat. Viele Menschen erleben gerade in ihrer Anfangszeit als Christ tolle Dinge – aber irgendwann hört das wieder auf. Da würde ich mir mal die Frage stellen, was denn in der Zwischenzeit passiert ist? Auch ins Leistungsevangelium reingeschlittert? Zu viele aufgeklärte Predigten gehört, in denen behauptet wurde, es gäbe gar keine Wunder und auch die Berichte der Bibel seien ja gar keine Wundergeschichten, sondern es gehe darum, die tiefere Wahrheit zu entdecken? Aus welchem Grund auch immer aufgehört – oder noch gar nicht damit angefangen –, sich total abhängig von Gott zu machen?

Es gibt Menschen, die erleben die tollsten Dinge, was ihre finanzielle Versorgung angeht. Ihnen werden Autos geschenkt, Häuser, Kreditkarten zur freien Verfügung. Wie aus dem Nichts erhalten sie große Geldbeträge, mit denen sie ihre geistliche Arbeit vorantreiben können. Andere erleben wie ich Heilungen, wieder andere Christen erfahren Gott durch Prophezeiungen, die er über ihr Leben gesprochen hat, oder durch Träume, Eindrücke und Visionen, die sie an andere Menschen weitergeben. Zu erleben, wie das, was sie einem Menschen von Gott gesagt haben, auch tatsächlich eintritt, ist einfach unbeschreiblich und phänomenal.

> VIELE MENSCHEN ERLEBEN GERADE IN IHRER ANFANGS- ZEIT ALS CHRIST TOLLE DIN- GE – ABER IRGENDWANN HÖRT DAS WIEDER AUF. WARUM?

Jeder Christ kann etwas mit Gott erleben. Aber viele Christen sind blind dafür, streben den großartigen Erlebnissen irgendwelcher Glaubensvorbilder nach und jammern wie kleine Kinder, die immer das Spielzeug am schönsten finden, das sie gerade nicht in ihren Händen halten. Oder Christen leben in ihrer total sicheren und risikofreien Welt in ihrer Komfortzone und brauchen überhaupt kein übernatürliches Wirken.

Wenn dann noch Zweifel an den Wundertaten Jesu oder an den modernen Wundern anderer Christen dazukommen oder wenn Christen anfangen zu glauben, man müsse sich ein Wunder oder ein starkes Wirken Gottes verdienen, ist es aus meiner Sicht gerade keine Überraschung, wenn sie wenig mit Gott erleben. Dazu kommt, meiner Ansicht nach, noch mangelnder Gehorsam. Ich glaube, dass Gott zu jedem Christen spricht. Aber die meisten hören nicht zu oder ignorieren seine Stimme. Denn Gott bittet uns immer wieder, der jungen Frau mit ihrem Kinderwagen zu helfen, dem stinkenden Bettler etwas Geld zu geben, für den Mann am Krückstock zu beten, den Teenagern von Jesus zu erzählen. Das sind genau die Situationen, in denen wir gehorsam sein müssen – und mit den krassen, übernatürlichen Erlebnissen belohnt werden, nach denen sich so viele sehnen. Tja, wem das zu peinlich, anstrengend und zeitaufwendig ist, geht halt weiter. Kein großes Problem. Gott liebt dich trotzdem. Aber dann beschwer dich bitte nicht, wenn du nichts mit Gott erlebst.

Keine Ausreden mehr

Als ich anfing, diese Ausreden bei mir selber nicht mehr gelten zu lassen, kam Gottes Gegenwart zurück; ich empfing Offenbarungen und göttlicher Friede und Freude zogen in meinem Herzen ein, wie ich es am Anfang meiner Zeit mit Jesus erlebt hatte.

Religion tötet, Jesus allein gibt Leben. In einem seiner Briefe fragt Paulus die Galater, wie es denn dazu kommen konnte, dass sie das Evangelium der Gnade verlassen hätten. Er schreibt auch: Jeder, der ein anderes Evangelium als das Evangelium der Gnade predigt, ist verflucht.

Ups.

Wer würde denn ein christliches Evangelium predigen, welches aber irgendwie nicht ganz Gnade, sondern noch ein wenig Gesetz und Leistung und moderne Rationalität und was weiß ich was beinhaltet?

Prediger am Sonntag in den Kirchen in Deutschland und wahrscheinlich auf der ganzen Welt.

Aber wenn Paulus recht hat mit seinem Fluch, dann ist es doch irgendwie ganz klar, warum Menschen das Wirken Gottes nicht erleben, sobald sie glauben, sich dieses Wirken verdienen zu müssen.

Nehmen wir einmal an, mein Sohn würde eines Tages komische Wege gehen und als Bettler auf der Straße landen. Ich würde ihn suchen und finden und ihm dann mitteilen, dass er noch immer mein Sohn ist. Ich würde ihn daran erinnern, dass ich ziemlich reich bin und er deswegen auch ziemlich reich sei. Ich würde ihm sagen, er müsse nur zur Bank gehen, sagen, wer er ist, und dann würde er Zugriff auf sein Erbe bekommen, welches ich ihm jetzt schon zur Verfügung gestellt habe.

Sobald er das weiß, macht es für ihn absolut keinen Sinn mehr, bettelnd durch die Straßen zu laufen und sich über irgendeinen Mangel zu beschweren. Er müsste nur glauben, was ich ihm gesagt habe. Dann müsste er seinen Hintern hochbekommen, zur Bank gehen und den Mund aufmachen.

Als ich diesen Zusammenhang zwischen Gnade und Leistung verstand, brannten in mir direkt wieder alle Aktionismus-Leuchten. Ich musste diese Botschaft unbedingt erzählen. Die Menschen müssen doch wissen, dass sie unter einen Fluch fallen können.

Mensch: »Weil ich so viel gebetet habe, finde ich, dass Gott jetzt reagieren muss.«

Gott: »Aha, du möchtest, dass ich dich nach deiner Gebetsleistung beurteile?«

Mensch: »Ja, genau.«

Gott: »Also das mit der Gnade ist dir nicht so recht?«

Mensch: »Die brauche ich ja nicht mehr, weil ich nämlich so ein leistungsbereiter Christ bin. Ich mache dies, ich mache das und dafür wirst du mich sicherlich angemessen belohnen, oder?«

Gott: »Nun gut. Dann ohne Gnade. Oh, da ist keine Gerechtigkeit mehr, da ist Versagen an allen Ecken und Enden, na denn. Was du als Belohnung erhältst, kannst du in meinen Gesetzesbüchern nachlesen.«

—

Mensch, du hast alles bei deiner Bekehrung erhalten. Alles. Dir wurden deine Sünden vergeben, die vergangenen, die gegenwärtigen und seine Vergebung reicht auch für deine zukünftigen Sünden aus. Du bist Teil des Königreiches Gottes. Du bist Erbe des Höchsten. Es geht nicht mehr um deine Fehler oder dein Versagen, selbst wenn davon noch reichlich vorzufinden ist. Es geht darum, dass Gott dich gebrauchen möchte, um Großartiges auf der Erde zu bewirken. Und ja, du darfst Wunder erleben, Geistesgaben erhalten und benutzen. Fang einfach an, diese Dinge zu glauben, gehorsam zu sein und dich von Gott abhängig zu machen.

7 BERUFSLEBEN – Millionär und Christ? Geht das?

In meiner Jugend zockte ich leidenschaftlich Counterstrike. Ein Ballerspiel, das einen Rechner damals ordentlich fordern konnte. Eine Katastrophe, wenn das Ding überhitzt und dann plötzlich die CPU beschädigt wird. Einige Gamer bastelten sich damals eine sogenannte offene Kühlung. Ich stellte einfach einen Eimer Wasser neben den PC. Mithilfe einer kleinen Tauchpumpe fürs Aquarium pumpte ich Wasser durch einen Schlauch, ein Aluminiumblock nahm die Wärme auf und die CPU konnte nicht überhitzen.

Neben der ständigen Verdunstung gab es diverse Verschlackungsprobleme und zu allem Überfluss auch Schimmel und Algenwucherungen. Deswegen kamen später geschlossene Kühlkreisläufe auf. Ähnlich wie beim Auto fließt das Wasser immer im Kreis und wird mit einem Wärmetauscher wieder runtergekühlt. Auch ich bastelte solche geschlossenen Wasserkühlungssysteme, die ich über E-Bay vertickte, etwas später eröffnete ich meinen ersten Webshop.

Damals gab es viele Hersteller von Wasserkühlungen, die alle ziemlich verfeindet untereinander waren, weil sie in der sehr kleinen Branche versuchten, sich gegenseitig die Kunden abspenstig zu machen. Ich konnte mich durchsetzen, weil ich den ersten

Wasserkühlungs-Vollsortiment-Onlineshop eröffnete. Bei Aquatuning bekam man nicht nur meine eigenen Kühlsysteme, sondern die Produkte verschiedener Hersteller und so konnte man die Vorteile kombinieren, vielleicht eine HPPS-Pumpe von Innovatek mit Masterkleer-Schlauch, Alphacool-Radiator und Aquacomputer-CPU-Kühler.

Schnell hatten wir den Ruf, neben der breiten Artikelpalette auch sehr guten Service anzubieten. Was heute Instagram und Facebook sind, waren damals die Foren, in denen heiß über die Produkte und die Firmen diskutiert wurde. Und so gehörten auch eingefleischte Fans bestimmter Marken zu unseren Kunden, die unser eigentliches Alleinstellungsmerkmal gar nicht nutzten, sondern sich mit den Produkten ausschließlich einer Marke eindeckten.

2006 starteten wir mit internationalen Shops in Englisch, Französisch und Niederländisch. Über die Jahre kamen weitere Sprachen hinzu und mittlerweile sind es über 20 Sprachen. Dadurch konnten wir Kunden in Europa und der ganzen Welt gewinnen.

Eine Sache hat mir immer sehr zu schaffen gemacht: Wir haben für Brands die Exklusivdistribution gemacht, das heißt, man konnte Produkte bestimmter Marken nur über unsere Shops bestellen. Diese Hersteller haben extrem von unserer Reichweite profitiert, wir haben die Marken in Europa und vor allem in Deutschland bekannt gemacht. Diese Verträge liefen meist zunächst ein oder zwei Jahre.

Bei den Verhandlungen über Anschlussverträge beendeten viele Hersteller die Exklusivverträge: »Wir haben inzwischen auch andere Reseller gefunden, die wir ab sofort direkt beliefern möchten.«

Im Klartext: Vor einem Jahr war die Marke total unbekannt, wir haben die ganze Arbeit gemacht und nun, wo die Umsätze gut laufen, da gibt es als Dank den Schlag in den Nacken.

Warum dieses Verhalten? »Gier frisst Gehirn« ist möglicherweise eine gute Antwort. Üblicherweise listeten wir diese Hersteller dann einfach aus und sie verschwanden wieder in der Versenkung. Andere entwickelten sich dennoch gut und sind inzwischen unsere Konkurrenten. In einem Fall haben wir einer kleinen Firma aus Slowenien in allen Bereichen geholfen, wir haben ihnen gezeigt, wie man die Produkte bauen muss, welche Funktionen zu beachten sind und haben sogar die erste Produktion vorfinanziert. Ein paar Jahre später kam es auch hier zum Vertragsbruch und heute ist diese Firma unser schärfster Konkurrent weltweit. Ich mache diesen Job nun seit 17 Jahren, da ist so einiges an Tiefschlägen zusammengekommen. Ich bin ziemlich dankbar, dass ich vergeben kann.

> ICH MACHE DIESEN JOB NUN SEIT 17 JAHREN, DA IST SO EINIGES AN TIEFSCHLÄGEN ZUSAMMENGEKOMMEN. ICH BIN ZIEMLICH DANKBAR, DASS ICH VERGEBEN KANN.

In den letzten Jahren haben wir verstärkt OEM-Geschäfte gemacht, das heißt, wir haben für andere Marken sozusagen inkognito produziert. Das heißt, jemand anderes darf seinen Namen auf unsere Produkte kleben. Seit Kurzem haben wir eine eigene Elektronikentwicklung, welche bald die Wasserkühlung 4.0 realisieren wird. Vernetzte Produkte, einfaches Monitoring, Wartung über das Internet. In Zukunft wird der Gaming-Markt sicherlich noch wichtiger werden. Insbesondere in Asien hat der E-Sport manch anderen normalen Sportarten längst den Rang abgelaufen. Top-Gamer, egal im E-Sport- oder Streamingbereich, sind Millionäre. Es bleibt also spannend, insbesondere wenn internationale Scharmützel zwischen den USA und China für diverse Verzerrungen im Zoll sorgen.

Ich werde immer wieder gefragt, ob ich noch gut schlafen kann. Trotz aller Unwägbarkeiten, Schulden und Probleme, trotz allen unternehmerischen Risikos kann ich das. Gott hat mich und mein

Unternehmen von Anfang an gesegnet und er wird mich und meine Familie auch weiterhin segnen. Ich habe alles, was ich brauche in Jesus. Ich bin nicht abhängig von meinem Unternehmen. Sollte die Welt irgendwann keine Wasserkühlungen mehr brauchen und Aquatuning keine neuen Geschäftsfelder finden, so wird Gott dennoch einen Plan und einen Platz für mich haben.

Mit Kater im Büro

Als ich meine Firma gründete, ging es mir darum, einfach Spaß zu haben. Ich wollte etwas Neues gestalten und reinvestierte alle Gewinne sofort ins Unternehmen. Es war einfach geil, mich ausprobieren zu können und die ersten Erfolge einzufahren. Nach und nach versuchte ich dann, möglichst gut zu leben. Das heißt, ich versuchte, mir selbst möglichst viel auszuzahlen. Nach ausgiebigen Partywochenenden saß ich schon mal mit Kater und etwas trübem Blick im Büro. Meine Angestellten in der Anfangszeit waren oftmals Familienmitglieder oder Freunde. Mit meinem Chefprogrammierer wohnte ich in den ersten Jahren in einer WG. Meine Einstellung war, dass ich ein Unternehmen haben wollte, in dem ich selber gerne als Angestellter arbeiten würde.

Nachdem ich Jesus kennengelernt hatte, erweiterte sich diese Sichtweise dahingehend, dass ich heute meine Aufgabe darin sehe, die mir von Gott anvertrauten Menschen maximal bei ihrer fachlichen und persönlichen Entfaltung zu unterstützen – sofern sie diese Hilfe annehmen wollen. Das gilt nicht nur für mich, sondern für alle Führungskräfte. Ich glaube allerdings, dass man nicht unbedingt ein Christ sein muss, um eine gute Firmenphilosophie zu entwickeln. Der gesunde Menschenverstand reicht oftmals aus, um Werte und Prinzipien der Führung und des Miteinanders einzuführen, die sinnvoll sind, von denen alle profitieren – und die im

Kern der Bibel entsprechen, obwohl sich viele dessen nicht bewusst sind. Ich habe mich allerdings für volle Transparenz entschieden und jeder in der Firma weiß recht genau, was ich glaube und wie ich denke. Dazu müssen wir noch nicht einmal darüber reden, denn mein Weltbild hängt in Stichpunkten im Büro aus.

Nathanaels Weltbild:
- christlich-kreationistisches Weltbild auf Grundlage der Bibel
- Es gibt einen Schöpfer, Gott.
- Er hat seine Liebe zu uns durch Jesus Christus offenbart.
- Erde und Menschen wurden vor etwa 8 000 Jahren erschaffen.
- Wir bestehen aus Geist, Seele und Leib.
- Der irdische Tod ist nicht das Ende.

CEO mit Gottes Hilfe

Wenn ich morgens zur Firma fahre, nutze ich die Zeit im Auto meistens für ein Gebet, das sinngemäß in etwa so lautet:

Gott,
danke, dass ich durch Jesus Christus für alle Zeit gerecht bin. Ich bin bekleidet mit deiner Gerechtigkeit, deswegen stehen mir alle Segnungen zur Verfügung. Ich benötige für den heutigen Tag Gnade und Gunst, Weisheit und Gelingen und ich danke dir, dass du mir dies alles großzügig gibst. Ich weiß, dass es deine Gnade ist, welche mich erfolgreich gemacht hat und durch die ich weiterhin Erfolg habe. Lass mich heute deine Hände und Arme sein, sodass ich das, was du durch mich tun willst, nicht verpasse. Danke, dass du mich, obwohl ich jeden Tag nach deinem Maßstab versage, durch das Blut von Jesus Christus reingewaschen hast.
Danke, du bist ein toller Gott. Amen.

Ich bin ein CEO mit Gottes Hilfe und das beeinflusst natürlich alles. Dass eine Firma ihre Philosophie ändert, ist allerdings nichts Besonderes. Und es kann passieren, dass ein CEO oder ein wichtiger Mitarbeiter etwas erlebt, was sein Leben auf den Kopf stellt und was dann auch Auswirkungen auf das Unternehmen hat. Wirklich revolutionär wird es aber, wenn eine übernatürliche Komponente ins Spiel kommt. Kurz nach meiner Bekehrung träumte ich eine vollkommen neue Art von Träumen. Als ich erfuhr, dass Gott auch durch Träume kommunizieren kann, fing ich an, meine besonderen Träume aufzuschreiben. Und tatsächlich ergaben sie einen Sinn. Gott zeigte mir theologische Erkenntnisse oder aktuelle Probleme und wie ich sie lösen konnte.

—

Eines Nachts träumte ich von einem Raumschiff, das auf eine Welle zufuhr. Ich war auf diesem Schiff und die Situation war sehr bedrohlich. Wir knallten seitlich in die Welle, überstanden sie aber heil – nur um auf eine zigmal größere Welle zuzusteuern. Die Crew bekam Panik. In wenigen Sekunden würde das Schiff von der gigantischen Welle zerstört werden, die Mannschaft würde sterben. Das war im Traum vollkommen klar. Ich übernahm das Kommando, änderte den Kurs und steuerte frontal auf die Well zu. Kurz bevor wir mit der Welle kollidierten, erwachte ich.

Etwa ein Jahr später standen wir vor einer schweren Entscheidung. Das Finanzamt hatte Dinge der Vergangenheit aufgedeckt, die nicht ganz sauber gelaufen waren – und das waren nicht die einzigen Dinge, die da noch in der Vergangenheit schlummerten. Wie sollten wir reagieren? Der Traum kam mir in Erinnerung und ich wusste, dass wir das Problem frontal angehen mussten. Wir sollten alles offenlegen und ein für alle Mal reinen Tisch machen.

Was keiner von uns wusste: Ab einer Summe von hinterzogenen 100 000 Euro ist das Finanzamt verpflichtet, einen Strafprozess einzuleiten. Meine Karriere wäre erst mal vorbei gewesen. Als wir alles offengelegt hatten, summierte sich der Betrag aller Steuerhinterziehungen auf 98 000 Euro. Wir mussten einiges nachzahlen, aber ich kam glimpflich davon. Und ich war froh, die Sache ans Licht gebracht zu haben und ab sofort sauber arbeiten zu können

Auf Basis einer echten Jesus-Beziehung ein Unternehmen zu führen, bedeutet aber nicht nur, sauber zu arbeiten und auf Steuerhinterziehung zu verzichten. Ich gehe auch anders damit um, wenn wir selbst Opfer solcher kleinen Betrügereien sind. Aufgrund eines Fehlers bei der Schnittstelle zu einem Finanzdienstleister konnten Kunden mit falschen Daten bestellen. Und so gingen mehrere Bestellungen ein, die niemals jemand bezahlte. Der Finanzdienstleister konnte sich aus der Affäre ziehen, weshalb wir auf einem Schaden von über 3 000 Euro sitzen blieben. Eine Mitarbeiterin fragte, was ich denn gedenke, in dieser Sache zu unternehmen. Meine Antwort war, dass wir gar nichts tun würden. In der Bibel steht, dass wenn einem Gerechten etwas geklaut wird, er das siebenfach erstattet bekommen wird, und dass das Leben des Diebs von Fluch, Misserfolg und Verlust begleitet sein wird. Ich erklärte, dass mir die Betrüger leidtäten, weil sie so blöd waren, einem Kind Gottes etwas zu klauen. Ich würde meinen Schaden ersetzt bekommen, sie nicht.

—

Um Wachstum zu ermöglichen, ist Geld notwendig. Und zwar kein Kapital, das in Form eines gut gefüllten Warenlagers festsitzt, sondern verfügbare Mittel. Bei uns war aber genau das Gegenteil der Fall. Wir haben unser Lager über viele Jahre hinweg ständig aufgestockt. Da hatten wir zum Beispiel die Chance, einen Restposten Pumpen für einen Top-Preis zu bekommen und würden die Pumpen mit einer vortrefflichen Marge innerhalb der nächsten sechs Monaten verkaufen können. Allerdings mussten wir zunächst investieren und Kapitel im Grunde in unserem eigenen Lager anlegen. Obwohl also die Unternehmenszahlen super waren, war die Kasse oftmals leer.

Normalerweise kann in solchen Zeiten eine Bank mit einem Kredit aushelfen, aber wir bewerkstelligten alles aus eigenen Mitteln. Als junges Unternehmen ohne großartige Sicherheiten ist man ganz einfach oft nicht kreditwürdig. Es kam der Tag der Gehaltszahlungen und uns fehlten etwa 60 000 Euro.

Etwas trotzig sagte ich zu meinem himmlischen Papa: »Das ist deine Firma und ich erwarte, dass wir die Gehälter zahlen können. Ich habe keine Ahnung wie, aber du wirst dich schon darum kümmern.«

Was soll ich sagen, am letzten Tag des Monats waren auf einmal 60 000 Euro auf dem Konto.

Ich hatte schon viele Heilungswunder, Dämonenaustreibungen und andere übernatürliche Dinge erlebt. Aber wie, bitte schön, konnte dieses Geld aufs Konto kommen? Ich ging der Sache auf den Grund und fand heraus, dass drei große Kunden zu früh gezahlt hatten. Ich prüfte die vergangenen Belege und stellte fest, dass sie bisher noch nie zu früh gezahlt hatten. Im Gegenteil, sie zahlten so, wie es in unserer Branche üblich ist: sieben bis vierzehn Tage nach dem Zahlungsziel. Das Ganze passierte später sogar noch ein zweites Mal in ähnlicher Form. Ist es nicht großartig, wie Gott auch bei solch alltäglichen Dingen eingreift?

Inzwischen haben wir uns allerdings für solch übernatürliches Handeln Gottes verschlossen und eine sogenannte Kontokorrentkreditlinie bei einer Bank bekommen, die solche Liquiditätsschwankungen ausgleicht. Aber auch das ist ein Teil der Selbstverantwortung, die ich als Geschäftsführer eben auch für mein Unternehmen trage.

Göttliche Mitarbeiterführung

Nachdem ich Christ geworden war, veränderte sich aber nicht nur die Art und Weise, wie ich das Unternehmen führte, auch meine Beziehung zu meinen Mitarbeitern wurde eine andere, unabhängig davon, wie sie zu meinem Lebenswandel standen. Ich behandelte sie, wie gesagt, schon früher gut und hatte damals schon den Ansatz, mein Unternehmen so zu gestalten, dass ich selbst dort gerne arbeiten würde. Aber nach meiner Bekehrung war ich offener, hilfsbereiter und empathischer. Regelmäßig kamen Mitarbeiter zu mir, um auch über private Dinge zu sprechen: Ein Notfall in der Familie, ein krankes Kind, das irgendwie betreut werden muss, ein Todesfall.

Meine Mitarbeiter gingen ganz unterschiedlich mit diesem Wandel und den Veränderungen in der Firma um. Die einen besser, die anderen schlechter. Leider hat sich keiner meiner Mitarbeiter für ein Leben mit Jesus entschieden, aber immerhin kann ich Zeuge sein und Gott kann sich dadurch, dass er in meinem Leben wirkt, meinen Mitarbeitern offenbaren.

Es war für mich also nichts Besonderes, als einer meiner Mitarbeiter um ein Gespräch bat.

Auf dem Weg in den nächsten Besprechungsraum sprach allerdings der Heilige Geist zu mir: »Er wird jetzt kündigen!«

Wie ein Strom durchzuckte es mich. Kündigen? Jetzt? Noch nie zuvor hatte ein Mitarbeiter gekündigt. Ich hatte noch fünf Meter bis zur Tür und bereitete mich innerlich auf das Gespräch vor.

Er fing an, rumzudrucksen: »Weißt du, Nathanael, die Anfahrt ist immer so weit und ich habe mal überlegt und ...«

Ich fing an, mich zu freuen, und versuchte, mein Grinsen zu unterdrücken. Der Hinweis des Heiligen Geistes hatte also gestimmt.

»Also, ich habe ein Jobangebot und würde hier dann kündigen.«

»Gut, zu welchem Termin?«

»Na ja. Ich könnte schon morgen dort anfangen, aber ...«

»Ist in Ordnung, willst du dich heute noch von den Mitarbeitern verabschieden?«

»Ähm, ja, also ja klar, das mache ich noch.«

Und dann segnete ich ihn für seinen neuen Job und verabschiedete mich. Er war offensichtlich irritiert, aber glücklich darüber, wie das Gespräch gelaufen war. Das mit dem unterdrückten Grinsen hatte wahrscheinlich nicht so gut geklappt. Wer weiß, wie ich ohne Gottes Vorbereitung reagiert hätte. Ich wäre total überrascht gewesen, vielleicht auch verletzt. Vielleicht hätte ich versucht, den Mitarbeiter irgendwie zu halten. Auf jeden Fall wäre das Gespräch komisch verlaufen und ich hätte sicherlich nicht daran gedacht, auch noch für ihn zu beten und ihn zu segnen.

———

Vor Gott sind alle Menschen gleich. Wir alle sind Sünder und Jesus ist für jeden von uns gestorben, weil Gott alle Menschen liebt und sie alle bei sich haben möchte. Der einzige Unterschied in dieser Hinsicht ist, ob sich ein Mensch auch für Gott entscheidet und jetzt und in der Ewigkeit mit ihm lebt oder halt nicht. Dieses Prinzip versuchen wir auch im Unternehmen zu leben. Das ist nicht immer ganz einfach, immerhin trage ich die Verantwortung und die Entscheidungshoheit. Ich verdiene am meisten und diese Unterschiede gibt es natürlich auch zwischen den Mitarbeiten und ihren unterschiedlichen Aufgaben. Aber auf zwischenmenschlicher Ebene sollten wir doch versuchen, uns gegenseitig auf Augenhöhe zu begegnen. Respekt ist wichtig. Du kannst der Star-Vertriebler sein, aber ohne jemanden, der die Ware verpackt, bist du nichts.

Eine Firma ist eine Kette: Produktentwicklung – Produktion – Einkauf – Administration und Buchhaltung – Marketing – Webshop – Vertrieb – Logistik – Support. Diese Kette ist nur so stark wie das schwächste Glied. Deswegen herrschen bei uns entsprechende Regeln, wie wir miteinander umgehen wollen. Beispielsweise wird Mobbing in keiner Weise geduldet. Wer dabei erwischt wird, muss eine Woche im Lager arbeiten. Im Wiederholungsfall vier Wochen.

Ich bekam mit, wie sich ein Mitarbeiter vor versammelter Mannschaft über einen seiner Teamkollegen echauffierte – oder zu Deutsch: Er lästerte: »Mit der Person kann man nicht arbeiten, das geht gar nicht, die ist so inkompetent!«

Und so weiter. Ich erinnerte den Lästerer an unsere Abmachung.

Am nächsten Tag schrieb er mir eine E-Mail: »Ich habe einen Fehler gemacht und werde mich entschuldigen.«

Schön, wenn sich manche Dinge so einfach regeln lassen.

Ich kaufe dann mal ein Grundstück

Als wir 2006 unser damaliges Firmengelände bezogen, kamen mir die 300 Quadratmeter viel zu groß vor. Doch kurze Zeit später nutzen wir die Fläche komplett aus und ein weiteres Jahr später waren unsere Räume absolut überfüllt. Es gab eine große Halle direkt nebenan. Sie war mehr als doppelt so groß wie unser Gebäude, war aber an eine andere Firma vermietet. Voller Neid sah ich hinüber, wie Tag für Tag reichlich Ware ein- und ausgelagert wurde.

Unser Vermieter bot uns an, eine weitere Halle anzubauen, wenn wir einen Mietvertrag über zehn Jahre unterschreiben würden. Gesagt, getan. Die Halle war fertig und schnell auf zwei Ebenen ausgebaut, unten Lagerfläche, oben Montage. Nach einem Jahr war schon wieder zu wenig Platz und die Montagefläche musste weichen. Es drohte der Kollaps, denn das Weihnachtsgeschäft kam und mehrere Container waren im Zulauf. Ich gab mich gelassen, ich hatte bisher doch immer alles geschafft. Die Ware staute sich bis unter die Treppe und in den Aufenthaltsraum hinein.

Anfang Dezember sprach ich einen Mitarbeiter der anderen Firma an, ob die Halle eigentlich noch immer so voll wäre. Das war nicht der Fall. Also redete ich mit seinem Chef: Ab dem 1. Januar könnte ich die halbe Halle mieten – und weil sie ohnehin leer war, könnte ich sie ab sofort nutzen – ohne Vertrag, kostenlos. Danke lieber Nachbar. Weihnachten war gerettet. Aber nur in diesem Jahr. Wir befanden uns in einem Wettlauf um ausreichend Platz mit unserem eigenen Erfolg. So konnte es nicht weitergehen.

Ich stand da an meinem Schreibtisch und der Heilige Geist sprach zu mir: »Kümmere dich jetzt um ein neues Grundstück.«

Ich fing also an, mich schlauzumachen, und fand heraus, dass es praktisch keine Gewerbegrundstücke in Schloss Holte oder den umliegenden Gemeinden mehr gab. Dann meldete sich der Gemeinderat von Schloss Holte und lud mich zu einem Gespräch ein: Es gab doch noch ein Grundstück, das die Stadt dank eines Vorkaufsrechts erstanden hatte und jetzt gerne weiterverkaufen wollte. Das Grundstück war weit größer, als ich geplant hatte, aber ich vertraute Gott. So groß war es letztendlich dann doch nicht. Wir konnten großzügig bauen, richteten Mitarbeiterparkplätze und eine Lkw-Zufahrt ein und schwupps blieben abzüglich all der gesetzlich vorgeschriebenen Abstandsflächen zum Nachbargrundstück nur etwa 1 000 Quadratmeter Erweiterungsfläche übrig. Der Gemeinderat stimmte dem Verkauf ohne öffentliche Ausschreibung zu, ich bekam das Grundstück zu einem sehr guten Preis, der zwölf Jahre zuvor angemessen gewesen wäre.

Ende 2016 zogen wir dann in die neuen Räume um und nach einem halben Jahr Chaos hatten wir den Standort weitgehend im Griff. Wir planten eine Einweihungsfeier und erwarteten über 300 Personen: Geschäftskunden, Nachbarn, Mitarbeiter und Familien. Es gab ein Orchester mit Livemusik, Zelte, Essen vom Grill, eine Hüpfburg und ein Trampolin, Fußball für die Kinder und Firmenführungen für die Erwachsenen. In der Woche vor dem Einweihungstermin stürmte es so stark, dass wir das Zelt nicht aufbauen konnten, geschweige denn die anderen Pavillons. Immerhin das Gerüst für das große Zelt stand. Donnerstag wurde der Sturm schwächer und das Zelt konnte fertiggestellt werden. Samstag wurde ich wach, sah aus dem Fenster und stellte fest, dass es in Strömen regnete. Die Wettervorhersage und der wolkenverhangene Himmel deuteten keine Besserung an.

»Gott, ich traue es dir zu, von 12 bis 18 Uhr für Trockenheit zu sorgen.«

Der Wind peitschte auf der Fahrt gegen mein Auto und auf den 20 Metern, die ich vom Parkplatz zum Firmengebäude zurücklegen musste, wurde ich ordentlich nass. Unser Organisationsteam kam zusammen. »Nathanael, wir brauchen einen Plan B. Es regnet in Strömen und die Leute werden niemals alle ins Foyer passen.«

»Wir brauchen keinen Plan B. Es wird von 12 bis 18 Uhr trocken sein«, antwortete ich und versuchte, dabei möglichst ruhig zu wirken.

»Nathanael, du verstehst das offenbar nicht, es stürmt und regnet ununterbrochen, alles ist nass draußen. Wir erwarten über 300 Menschen, wo sollen die denn alle hin? Wir brauchen einen Plan B!«

> »WIR BRAUCHEN KEINEN PLAN B«, SAGTE ICH. »ENTWEDER GOTT IST FÄHIG ODER WIR GEHEN UNTER.«

»Wir brauchen keinen Plan B«, wiederholte ich, dieses Mal mit etwas mehr Frust in der Stimme. Entweder Gott ist fähig oder wir gehen unter. Ich wollte nichts anderes akzeptieren. »Es wird heute sechs Stunden lang trocken sein.«

Kopfschütteln. Augenverdrehen.

Um etwa 11 Uhr kam die Sonne raus und innerhalb einer Stunde war alles abgetrocknet. Ich war sehr erstaunt, aber zu abgelenkt, um wirklich zu realisieren, was hier passiert war. Besucher strömten herein und alles verlief im geordneten Chaos. Die Leute überbrachten Geschenke oder Grußkarten und irgendwie war es komisch, dass die Leute teilweise nasse Jacken hatten.

Einer sagte: »Ich bin in Gütersloh losgefahren bei Sturm und Regen und als ich nach Schloss Holte kam, hörte alles auf und hier scheint die Sonne.« Ich holte mir ein paar Mitarbeiter, um gemeinsam das Wunder anzuschauen. Um unsere Firma herum in allen Himmelsrichtungen waren dunkle Regenwolken. Nur über uns war ein Sonnenloch. Es hatte etwas Surreales. Ehrfurcht ergriff mich.

Etwas später kam auf einmal hektische Bewegung in die Menschen, sie strömten in das Gebäude. Ich schaute raus, es hatte angefangen, wie aus Eimern zu schütten. Die Wolken, die uns den ganzen Tag verschont hatten, standen nun direkt über uns und entluden ihre nasse Fracht. Ich schaute auf mein Handy: 18:01 Uhr. Ich konnte mir ein Lächeln nicht verkneifen.

Das Organisationsteam kam. »Schaut auf eure Uhren. Könnt ihr euch noch erinnern, was ich euch heute Morgen gesagt habe: Von 12 bis 18 Uhr wird es trocken sein!«

Unbehagliche Ratlosigkeit. Einer sagte: »Ich will gar nicht wissen, wie du das wieder hinbekommen hast.«

Ich antwortete: »Du weißt doch ganz genau, wie ich das hinbekommen habe, oder?«

Er nickte und ging kopfschüttelnd weg.

Das Schmugli-Wunder

Um die Mitarbeiter zu schonen, hatten wir uns im neuen Lager für ein Schmalgang-Kommissionierfahrzeug, kurz EKX, entschieden. Dieses Fahrzeug kann durch die schmalen Gänge zwischen den Hochregalen und ganz automatisch zur richtigen Lagerposition fahren. Der drinsitzende Mitarbeiter muss nur noch einladen. Superbequem und es macht auch noch Spaß, sich durch die Gänge sausen und von hoch oben seinen Blick über die Regalfächer schweifen zu lassen.

Nach unseren Berechnungen war ein EKX genauso schnell wie drei Kommissionierer zu Fuß und so bestellten wir ein Fahrzeug, das nonstop im Einsatz sein sollte. Alles wurde vorbereitet, wir programmierten sogar die Software für den EKX selbst, um eine optimale Fahrweise ermöglichen zu können.

Leider hatte ich den Faktor Mensch nicht berücksichtigt: Keiner unserer Lagermitarbeiter konnte mit dem EKX, den wir liebevoll Schmugli nannten, weil er die Waren durch die Gänge schmuggelte, so schnell fahren und Waren einladen wie erhofft. Wir starteten mit Samstagsarbeit und einem Zwei-Schicht-System, bis wir am Boden der Verzweiflung auf ein Drei-Schicht-System umstellten. Wenn unser Schmugli nicht Strom tankte, fuhr er ohne Unterbrechungen. Unter der Woche fuhr das Lagerteam, am Samstag in zwei Schichten die Büromitarbeiter und sonntags fuhr ich. Dazu kamen technische Probleme und der Schmugli fiel alle ein bis zwei Wochen aus. Das alles wirkte sich natürlich auf unsere Lieferzeiten aus und mehrere Händler hatten uns aus ihren Listen gestrichen und Kunden stornierten ihre Bestellungen oder bewerteten uns schlecht. Es war die Hölle.

Wir bestellten zwei weitere EKX, um für etwas Entspannung zu sorgen. Lieferzeit: fünf Monate.

Eines Abends bekam ich einen Anruf: »Ich war in Gang fünf unterwegs, es knallte laut, ich konnte noch aus dem Gang fahren und dann sah ich eine große Pfütze unter dem Schmugli.«

Keine zehn Minuten später war ich vor Ort. Ich rief den Notdienst an, welcher mir mitteilte, dass es aufgrund einer internen Umstellung diese Woche keinen Notdienst gäbe, aber sie würden versuchen, noch einen Techniker ans Telefon zu bekommen.

20 Minuten später war tatsächlich ein Techniker da. »Sie haben ganz schön Glück, dass ich noch kommen konnte, ich wollte es mir gerade mit einer Flasche Bier vorm Fernseher gemütlich machen und sobald wir einen Tropfen Alkohol getrunken haben, dürfen wir nicht mehr zu Kunden fahren.«

Als ich wieder zu Hause war, meldete sich der Techniker per Telefon: »In einem Zylinder ist die Kette gerissen. So was habe ich noch nie erlebt, die Ketten halten normalerweise ewig und wenn die reißen, dann wohl kaum bei einem so neuen Fahrzeug wie Ihrem. Die Kette hat den Zylinder beschädigt, das Fahrzeug kann so nicht mehr benutzt werden.«

Ich ahnte schon, dass es eine ernste Sache war. »Wie lange wird es dauern, den Zylinder zu reparieren?«

Er zögerte erst und druckste dann: »Den kann man nicht reparieren, Sie brauchen einen neuen.«

»Okay und wie lange wird das dauern?«

»Das ist eine Einzelanfertigung, kein Serienprodukt. Jeder Zylinder ist anders, abhängig von der Höhe, Tragfähigkeit, 2-Schub oder 3-Schub und so weiter. Der müsste extra produziert werden. Selbst wenn wir andere Aufträge nach hinten verschieben können, dauert das mindestens fünf Wochen.«

Ich sah vor meinem inneren Auge, wie ich die Insolvenz einreichte. »Können wir ein Ersatzfahrzeug bekommen?«

Leise antwortete er: »Einen Gabelstapler, ja, aber es gibt für Schmalgang-Kommissionierfahrzeuge keine Ersatzfahrzeuge, die werden nur nach Kundenaufträgen produziert.«

Mit Gabelstaplern und Mitarbeiterkörben durch die Gänge zu fahren, war allerdings aufgrund der Unfallgefahr verboten. Es war aussichtslos. Er sicherte mir zu, gleich am nächsten Tag die Datenbank zu durchforsten, vielleicht gäbe es ja irgendwo in Europa ein baugleiches Fahrzeug, das ein Unternehmen für fünf Wochen verleihen würde. Das war allerdings keine Botschaft, die mich nur ansatzweise hoffnungsvoll stimmte.

Ich erzählte alles meiner Frau. Was sollten wir tun? Diener des allerhöchsten Gottes, gefüllt mit dem Heiligen Geist, bauen mit Gottes Segen 15 Jahre lang eine Firma auf, um dann wegen eines Defekts, den es eigentlich nicht geben dürfte, Bankrott zu gehen? Sollten wir für ein Wunder beten? Gott anflehen, uns zu helfen? Eine Gebetskette starten, um den Druck auf den Thron Gottes zu erhöhen? Oder doch lieber zum Wodka greifen?

Wir gingen ins Bett und fingen an zu lachen – wir lachten Tränen. Dann sagten wir: »Gott, wir haben keine Ahnung, wie du diesen Schlamassel lösen willst«, und schliefen ein.

Am Freitagmorgen hatte sich nichts geändert. Die Mitarbeiter waren etwas irritiert, weil der EKX mal wieder stand. Ich sagte im Vorbeigehen: »Wenn der nicht bald wieder fährt, können wir dichtmachen«.

Ich bekam gegen Mittag einen Anruf: »Sie werden es nicht glauben, Herr Draht, aber wir haben einen Zylinder gefunden.«

Er klang, als könnte er es selbst nicht wirklich glauben. Ich dachte kurz nach und Hoffnung keimte auf. Irgendwo in Europa gab es einen passenden Zylinder. Womöglich in Portugal oder Finnland oder so. Selbst dann könnte er im Laufe der nächsten Woche hier sein. Wir müssten zwar einen riesigen Berg angestauter Bestellungen abarbeiten und verärgerte Kunden besänftigen und viele von ihnen würden wir vermutlich verlieren, aber mit viel Arbeit und Sonderschichten könnten wir die Situation überleben.

»Wo haben Sie ihn gefunden?«

»In Bielefeld.«

Ich wusste in dem Moment nicht, wer von uns beiden erstaunter war. »Wie kann das sein?«

»Es ist so, dass zufällig ein anderer Kunde ein Fahrzeug mit genau den gleichen Spezifikationen wie Sie bestellt hat, und das wurde diese Woche hier angeliefert. Allerdings hat der Kunde Probleme beim Bau der neuen Halle, sodass wir doch noch nicht ausliefern können. Er steht hier in unserer Zentrale und wir haben auch schon einen Zylinder ausgebaut und bringen den gleich zu Ihnen, sodass in etwa einer Stunde Ihr Fahrzeug wieder laufen sollte.«

Auch mit neuem Zylinder hatten wir noch jede Menge Ausfälle, aber wir bekamen Schmugli immer wieder in den Griff. Das Drama hörte jedoch an dem Tag auf, an dem wir zwei weitere Fahrzeuge bekamen. Für viele in unserer Firma endete das wohl härteste halbe Jahr aller Zeiten.

Jesus, der Fels im Sturm

Warum das alles so gekommen ist? Ich hatte zu dieser Zeit ein Lieblingslied: »Der Fels« von Xavier Naidoo. Ich habe dieses Lied aus voller Kehle mitgesungen bis zum Abwinken. Als ich nach dieser Zeit wieder im Auto saß und das Lied hörte, sprach der Heilige Geist zu mir: »Ohne Dunkelheit kommt der Fels nicht zum Vorschein.« Ja, es war ein Sturm über mich gekommen und dieser hatte den Felsen, auf dem ich stand, zum Vorschein gebracht. Wenn immer alles glatt läuft, brauchst du kein festes Fundament. Wie stabil der Untergrund ist, auf dem du stehst, zeigt sich erst, wenn du Stürme überstehen musst.

Ich konnte das Lied einige Monate nicht mehr hören. Einerseits ist es natürlich gut zu wissen, dass der Fels da ist. Andererseits hatte ich absolut keine Lust, auf einen weiteren Sturm, der ihn zum Vorschein bringen würde. Ich fragte mich, ob ich durch mein provokantes Bekenntnis nicht selbst diese Probe herbeigeführt hatte. Heute bin ich froh um dieses Ereignis. Ich bin daran gereift. Alle Ehre dem Herrn Jesus Christus.

OHNE DUNKELHEIT KOMMT DER FELS NICHT ZUM VORSCHEIN.

Tatsächlich dauerte es gar nicht lange, bis ein weiterer Sturm über mein Unternehmen hereinbrach. Etwa ein Jahr nach unserem Firmenumzug wurde einiges komisch. Meine Logistik lief schlecht und ich musste dem Lagerleiter kündigen. Das war sehr schwer für mich, denn es handelte sich um einen langjährigen Freund aus unserem Hauskreis. Ich übernahm das Lager für zwei Monate und sorgte für Struktur und Ordnung. Einige Monate später musste ich zum ersten Mal zwei Auszubildende gehen lassen, obwohl es unser erklärtes Ziel ist, Leute auszubilden, um sie zu übernehmen. Dann stellte mein Star-Programmierer, mit dem ich in der Anfangszeit des Unternehmens in einer WG gewohnt hatte und mit dem ich all die Jahre durch dick und dünn gegangen war, eine Gehaltsforderung, die ich unmöglich erfüllen konnte – und er kündigte.

Parallel dazu sagte unser Steuerberater: »Eure Buchhaltung macht so schlechte Arbeit, das Finanzamt wird die Buchhaltung verwerfen.«

Ich prüfte seine Aussage, stellte fest, dass er recht hatte. Also nahm ich mich der Buchhaltung an: Kurzfristig konnte niemand mehr im Homeoffice arbeiten. Ich wollte möglichst nah dran sein an den Abläufen, um besser zu verstehen, wie gearbeitet wird und wo die Probleme liegen. Als Reaktion darauf kündigte unsere Buchhalterin. Auch in der Grafikabteilung gab es viele Probleme und der Teamleiter kündigte überraschend.

Bei so einer hohen Personalfluktuation kam natürlich schlechte Stimmung auf. Von dem stabilen Eisbrecher, welcher sich all die Jahre seinen Weg durch die Weltmeere gebahnt hatte, war nur noch der Rumpf übrig. Im Inneren brodelte es – auf Kosten der Effizienz und der Freude an der Arbeit.

Aber nicht nur auf Personalebene gab es Probleme. Wir entwickelten den ersten wassergekühlten Mining-Computer, mit dem man in Kryptowährung investieren konnte. Der Computer hätte sich in Deutschland quasi selbst finanziert. Aber als der Container mit der frischen Ware eintraf, waren die Kurse für Kryptowährungen so tief gefallen, dass niemand unser Produkt kaufen wollte. Als dann auch noch unsere Bank uns zu einem sehr unangenehmen Gespräch bat, hörte der Spaß auf. Die Botschaft war kurz und knapp: Entweder ich schaffe es, die Firma innerhalb eines Jahres zu sanieren, oder die Bank würde es tun.

Ich beschwerte mich häufig bei Gott: Soll so eine gesegnete Firma aussehen? Teilweise hatte ich die Schnauze voll, aber als geschäftsführender Gesellschafter kann man nicht so einfach kündigen und sich einen neuen Job suchen. Da Gott nicht antwortete, fing ich selbst an, Lösungen zu suchen: Ich las Bücher über Bücher und lernte viel über Unternehmensführung, Rechte, Steuern, E-Commerce, Sales-Funnels, Unternehmensformen. Hätte ich all diese Bücher zehn Jahre früher gelesen, wäre ich einigen Schwierigkeiten locker aus dem Weg gegangen.

Allerdings ging die Misere trotz vieler neuer Erkenntnisse weiter. Erneut verließen sechs Mitarbeiter das Unternehmen und trotz steigender Umsätze kündigte sich ein bilanzieller Verlust an. Ich wurde richtig mies gelaunt und als ich mich bei Gott mal wieder so richtig auskotzte, antwortete er: »Woher weißt du, dass das alles nicht doch richtig ist, wie es gerade läuft?«

Es war schön, etwas vom Herrn zu hören, aber was war das? Ich liebe Gott, er schafft es immer wieder, in kleinen Sätzen sehr viel Information zu transportieren. Aber dieses Mal? Tatsächlich weiß ich auch jetzt, wo ich dieses Buch schreibe, noch nicht, warum alles, was damals passiert war, richtig sein sollte. Wir sind bis heute keineswegs raus aus dem Schlamassel. Aber ich weiß, dass mich der Herr hindurchtragen wird. Das, was passiert, muss mir letztendlich zum Besten dienen. Auch wenn ich momentan nicht erkennen kann, was dieses Beste sein soll. Ich erlebe das immer wieder auch in anderen Bereichen meines Lebens, in großen und in kleinen Dingen.

WIR SIND BIS HEUTE KEINESWEGS RAUS AUS DEM SCHLAMASSEL. ABER ICH WEISS, DASS MICH DER HERR HINDURCHTRAGEN WIRD.

Zum Beispiel an einer Begegnung mit einem ehemaligen Azubi, die ich vor Kurzem hatte. Aber von Anfang an: Ich hatte zwei Auszubildende für den Einkauf übernommen und musste mich nun für den besseren entscheiden und den anderen in der Probezeit kündigen. Eine ärgerliche Situation. Drei Wochen später wurde sie noch ärgerlicher, denn nun kündigte auch der Azubi, den ich eigentlich behalten wollte, weil er die Fahrerei mit über einer Stunde Zeitinvestition pro Strecke satthatte. Er suchte sich einen Arbeitgeber in seiner Nähe. Das Gespräch war professionell und authentisch, der Junge zeigte Charakter – wie schade, dass er ging. Er sagte zum Schluss: »Vermutlich wirst du in zwei Jahren über diese Situation lachen.«

Gut, so dramatisch ist diese Geschichte jetzt auch wieder nicht, aber möglicherweise werde ich das tun. Ich musste mich noch von einem dritten Azubi trennen, nachdem er seine Ausbildung bei uns beendet hatte. Ich kannte ihn aus meiner Gemeinde und so war diese Entscheidung doppelt schwer für mich. Er hatte allerdings nicht nur mit Gesundheitsproblemen zu kämpfen, sondern auch mit Verständnisproblemen, außerdem ließ seine Leistung oft zu wünschen übrig.

Und diesen Azubi traf ich wieder. Er strahlte. Wir unterhielten uns und er sagte: »Nathanael, ich muss mich bei dir bedanken!«

Er erläuterte, dass er nach seiner Zeit bei uns im Unternehmen nachgedacht und einige Dinge in seinem Leben in Ordnung gebracht hatte. Aufgrund der Ausbildung hat er einen Job bei SAP bekommen, der mit einem Mega-Gehaltsscheck und einem aufregenden Außendiensteinsatz einherkam. Er verdiente mehr, als er es bei mir jemals bekommen hätte, war glücklich und sein Leben war in eine sehr gesunde Bahn gekommen. Wir umarmten uns herzlich und ich war Gott für diese zufällige Begegnung sehr dankbar.

Nicht immer dürfen wir erfahren, wo genau jetzt das Gute an einer schweren Phase sein soll. Immerhin hat Gott versprochen, dass denen, die ihn lieben, alle Dinge zum Besten dienen müssen (Römer 8,28). Umso dankbarer sollten wir sein, wenn Gott uns einen Teil seines Plans offenbart. Und in dieser Situation konnten der Azubi und ich tatsächlich über die ganzen Schmerzen und die Sorgen die wir uns gegenseitig bereitet hatten, herzlich lachen.

Mein Beruf verschaffte mir gewissen Reichtum – und Reichtum verpflichtet, oder? Wie ich mit meinen Ressourcen umgehe und wie sich meine Einstellung zu Reichtum verändert hat, darüber schreibe ich im nächsten Kapitel.

8 RESSOURCEN – Gott, warum bin ich so reich?

Reichtum ist im christlichen Kontext ein seltsames Thema. Da gibt es die einen, die Reichtum als Ausdruck von Gottes Wohlwollen ansehen. Wer alles richtig macht, den wird Gott früher oder später auch mit Reichtum segnen. Das bedeutet unter anderem:

- zehn Prozent seines Einkommens spenden,
- fleißig arbeiten,
- Teil einer bibeltreuen Gemeinde sein.

Wer auf Dauer arm ist, muss demzufolge irgendwas falsch machen, er hat vermutlich Sünde in seinem Leben. Dann gibt es die anderen, die Reichtum verteufeln. Jesus war arm, die Apostel waren arm, also müssen auch Christen arm sein.

Als ich noch nicht mit Jesus unterwegs war, hielt ich Christen für Loser. Ich war der lebendige Beweis, dass man Gott keineswegs brauchte, um reich zu werden. Im Gegenteil: Ich kannte keinen einzigen Christen, dem es so gut ging wie mir. Auf der anderen Seite kannte ich jede Menge Menschen, die nur für sich lebten, ohne Gott, und die dennoch ein fantastisches Leben führten.

»Warum bin ich so reich?«

Als ich damals auf dem Missionsfest in der Kirche saß, war dies auch meine erste Frage an Gott. Kaum hatte ich das in meinem Kopf formuliert, sagte der Prediger Reinhard Bonnke einen Satz, der diese Frage beantwortete. Leider habe ich ihn vergessen. Ich habe die Predigt als MP3 zu Hause, aber ich kann den Satz darauf nicht finden. Während Bonnke diesen Satz aussprach, überwältigte mich ein so unfassbares Gefühl, als ob dir jemand in zwei Sekunden ein halbes Buch über Thermodynamik vorliest, und du schlagartig alles verstehst, kalorische Prozesse nicht nur rechnen kannst, sondern die dazu grundlegenden Zusammenhänge von Enthalpien, adiabatischen Zustandsänderungen und Entropie verstehst, als hättest du sie selbst ohne jegliche Vorarbeit anderer Wissenschaftler mit deinem eigenen Verstand ergründet, entwickelt und ausformuliert.

Gottes Antwort war im Kern ganz einfach: »Ich habe dich all die Jahre über gesegnet.«

Tränen flossen, es drückte mich in den Sitz, als ob ich mit Vollgas beschleunige. Ich war überwältigt, mein Herz raste, der Puls bei über 180. Ich fühlte mich gleichzeitig euphorisch, unwürdig, einzigartig, sündig, geliebt, gottlos, von Gott beachtet – über 30 Jahre meines Lebens hatte ich nichts Derartiges erlebt, obwohl ich in einem christlichen Elternhaus aufgewachsen war und immer schön brav in die Gemeinde gegangen bin. Ich hatte nie Gottes Stimme hören können, und nun sprach er zu mir, auf eine Art, die mit der menschlichen Kommunikation nicht vergleichbar ist, die unerklärlich ist, die so viel mehr enthält als menschliche Worte, die alles verändert. Doch Gottes Antwort war so anders, als ich es erwartete, ich wollte von Gott wissen, warum Reichtum so ungerecht verteilt ist und vor allem, warum viele seiner Schäfchen so arm sind und ich so reich. Nun, genau genommen hat er meine Frage exakt beantwortet. Ich möchte versuchen, das in Worte zu fassen:

Nathanael,

du bist so reich, weil ich dich all die Jahre über gesegnet habe, es ist einzig auf meinen Segen zurückzuführen, dass du dich in der Position befindest, die du nun hast. All deine Talente, Fähigkeiten und natürlichen Vorteile habe ich dir schon von Geburt an in die Wiege gelegt, ich habe dir ein Elternhaus gegeben, das dich entsprechend der von mir gegebenen Möglichkeiten gefördert, erbaut und geprägt hat.

Ich war bei dir in der Schule, im Studium und habe dir stets Gelingen geschenkt. Ich habe dich behütet vor falschen Geschäftspartnern und faulen Geschäften, ich habe um dich herum deine Mitbewerber ausgeschaltet, in die Pleite geführt, sie ihren eigenen Begehrlichkeiten schutzlos ausgeliefert, sodass aus ihrer Bosheit und ihrem Streben nach Macht, Geld und Ansehen Zwietracht entstand, die zu Streit, Mobbing, hinterhältigen und egoistischen Gedanken führte und letztendlich die Pleite deiner Konkurrenten besiegelte.

Ich habe dafür gesorgt, dass deine Firma wachsen konnte, dass deine Angestellten immer ihr Gehalt bekamen und dir die finanziellen Mittel bereitgestellt wurden, die notwendig waren. Ich habe dir die Angestellten geschickt, die bestmöglich in deine Firma passen, die ehrlich sind, nicht klauen, sich einsetzen, fleißig sind und sich wohlfühlen. Die Gebete deiner Mutter, Oma und einiger Angestellten habe ich in Segen für alle umgewandelt. Ich habe dich vor deinen Feinden bewahrt, ich habe meine Hand über dich gehalten und den Weg für den Erfolg deiner Firma schon lange im Voraus geebnet. Nichts von dem, was du an Reichtümern, Fähigkeiten, Macht und Ansehen hast, hättest du ohne meine Gnade erreichen können.

Alles, was ich dir in die Wiege gelegt habe, ist durch meinen Segen zu dem geworden, was es heute ist. Du bist reich, weil ich, der Gott Abrahams, Isaaks und Jakobs, der einzige und allmächtige Gott, dich all die Jahre über gesegnet habe.

———

Mein Audi S5 war zu diesem Zeitpunkt gerade sechs Monate alt, und ich hatte über den Winter erkannt, dass mein Fahrstil dem Wagen nicht unbedingt gut bekam. Ich war bei einem besonders spaßigen Abbiegemanöver etwas weggerutscht und hatte mit der rechten Seite den Schneeberg am Fahrbahnrand gerammt, an Silvester hatte ich bei einem besonders coolen Einparkmanöver auf meiner Hofeinfahrt einen weiteren Schneeberg gerammt. Bei meinem Fahrstil überlebte der Wagen mit großer Wahrscheinlichkeit keine drei Jahre und es würden hohe Kosten wegen eventueller Aufstockung der Versicherungsprämie oder Reparaturkosten auf mich zukommen. Bei der Rückgabe des Wagens wäre mit Sicherheit eine Leasing-Nachzahlung auf mich zugekommen.

Unter Berücksichtigung des Fun-Faktors, meines Egos und der mir zur Verfügung stehenden Möglichkeiten und Mittel sowie der zu erwartenden Kosten für größere und kleinere Schäden erschien die einzig logische Konsequenz, dass ich mir einen zweiten Wagen kaufen sollte. Dieser sollte möglichst günstig sein, viel Power und eine Handbremse haben. Zudem sollten die Ersatzteile wie Reifen, Stoßstangen und Felgen leicht erhältlich sein und die Konstruktion möglichst robust. Im Internet stieß ich auf einen Audi TT mit etwa 180 000 gefahrenen Kilometern, acht Jahre alt und für unter 6 000 Euro locker zu haben.

Ich würde einfach gegen Bordsteine, Schneehaufen oder Leitplanken rutschen können, und es würde mir einfach egal sein.

Die Vorstellung entzückte mich. Ich könnte den Wagen pro Jahr etwa 5 000 Kilometer fahren und ihn dann verschrotten, wenn er das bevorstehende Martyrium überhaupt überleben sollte. Zudem könnte ich im Parkhaus mit der Handbremse driften üben und man könnte den Wagen an geeigneten Stellen auch mal über Hügel springen lassen. Was für ein Spaß! Ich rechnete mir aus, dass sich die Anschaffung und der Unterhalt schon bei 5 000 Kilometern lohnen würden, wenn der S5 dafür keinen Schaden nehmen würde.

Mein Problem war, dass ich nur eine Garage hatte. Ich stieß im Internet auf versenkbare Garagen, und überlegte mir, solch ein Teil in meinen Vorgarten zu setzen. Man könnte die versenkbare Garage mit einer Nebelmaschine und blauen Neonröhren ausstatten, um den Wagen beim Hochfahren so richtig in Szene zu setzen. Über die letzten Monate, in denen ich mich mit diesem Gedanken angefreundet hatte, hatte ich etwas Geld zurückgelegt. Ich wusste nicht, wie viel es war, das Geld lag in Scheinen in Briefumschlägen versteckt in meinen Schränken.

Nachdem Gott zu mir gesprochen hatte, erschien mir diese Audi-TT-Aktion ziemlich sinnentleert. Geradezu dämlich kam ich mir vor. Wie konnte man nur so viel Zeit und Geld in solch eine Sache investieren? Aber was sollte ich stattdessen mit dem Geld machen?

Gott antwortete: »Ich bin auf der Suche nach verborgenen Schätzen.«

Dieser Satz kann alles oder nichts bedeuten. Glücklicherweise sprach Gott weiter und sagte: »Dieses Geld lag lange ungenutzt herum und gab nicht mal Zinsen. Du wolltest es für ein ziemlich sinnloses Unterfangen verprassen. Dabei habe ich dir das Geld gegeben, damit du damit etwas Gutes tun kannst.«

Mein Herz brannte, ich durfte Gott etwas zurückgeben. Auch wenn es nur das war, was er mir zuvor gegeben hatte, für mich war das phänomenal. Mein Herz quoll über vor Freude, ich spürte, welche Liebe Gott mir gegenüber zeigte. Der Wandel in mir vollzog sich nicht durch drakonische Peitschenhiebe, sondern indem mein Herz immer weiter aufbrach und von Gottes Liebe durchdrungen wurde. Wie konnte ich dieses Geld jetzt noch für mich behalten? Es sollte in Gottes Reich gehen, das stand in diesem Moment fest.

MEIN HERZ BRANNTE, ICH DURFTE GOTT ETWAS ZURÜCKGEBEN.

Der Gottesdienst neigte sich dem Ende zu. Bonnke hatte seine Predigt beendet und der Abspann lief. Das Drängen in mir wurde immer stärker, ich wollte Gott zeigen, wie ernst ich es meinte, ich wollte mich von dem alten Leben trennen, ich wusste, dass ich nicht mehr so weiterleben würde. Immer noch surrte der Gedanke an die Scheinchen in den Briefumschlägen durch meinen Kopf. Was soll ich damit machen? Ich wollte das Geld holen. Ich konnte mir sicher sein, dass es hier in guten Händen wäre. Wo Gott sich so zu seinen Dienern stellt, kann ich auch mein Geld dazugeben.

Während ich so nachdachte, gab es die Ankündigung der Sammlung. Es wurde gesagt, dass vormittags etwa 6 000 Euro zusammengekommen waren, und man nun auf eine ebenso reichliche Spende hoffe. Wobei klar sei, dass dies für viele Menschen ja bereits der zweite Gottesdienst war, von daher sei das etwas unwahrscheinlich. Ich war mir unsicher, was zu tun sei.

Der Mann verließ die Kanzel und ich fragte Gott direkt: »Wohin soll ich das Geld spenden?«

Ich hatte den Satz gerade ausgesprochen, da blieb der Redner ein kurzes Stück vor seinem Sitzplatz in der ersten Reihe stehen. Ich war wie paralysiert und starrte ihn an, meine Blicke wurden förmlich von einer übernatürlichen Kraft auf ihn gelenkt. Irgendetwas würde passieren, in mir staute sich ein Kribbeln auf, eine Anspannung.

Ich dachte mir etwas ungläubig »Das kann nicht wahr sein, das passiert nicht wirklich!«.

Er ging den ganzen Weg zurück zum Mikrofon und sagte dann sinngemäß: »Mir ist da gerade noch was eingefallen, wir haben ein Bibelschul-Projekt in Südamerika und sind dort dringend auf Spenden angewiesen.«

Es entlud sich eine Energie in mir, ich war tief berührt und mir kamen die Tränen. Nicht nur, dass Gott direkt mit mir redete, er hatte einen anderen Menschen benutzt, um mir auf meine Frage zu antworten. Die Bibelschule erhielt bei nächster Gelegenheit das gesamte Geld, das ich zurückgelegt hatte.

Muss ich jetzt alles verkaufen, was ich habe?

Wir Menschen trachten nach Reichtum, Macht, Ansehen und Status. Es geht uns nicht in erster Linie um die materiellen Dinge an sich. Es ist eigentlich jedem von uns klar, dass wir nichts davon behalten, wenn wir erst tot sind. Aber wir streben dennoch danach, und zwar ganz einfach, weil wir uns nach Gott sehnen. Weil wir so sein wollen wie er. Wer ist reicher oder mächtiger als Gott? Ihm gehört alles, er kann alles. Wer sollte ein höheres Ansehen haben als er oder einen höheren Status? Niemand und nichts kommt ihm jemals gleich. Aber anstatt nach Gott zu suchen, glauben wir, wir müssten eine bestimme Summe auf dem Konto haben, um glücklich zu sein. Wir glauben, wir müssten der beste Sportler oder der erfolgreichste Manager sein, um glücklich zu werden. Natürlich ist genau das nicht der Fall, weil nichts von dem, was wir jemals haben oder sein können, an Gott herankommt.

Das Verrückte ist, dass Gott gar nichts dagegen hat, wenn wir reich oder mächtig sind. Im Gegenteil, er hat großen Spaß daran, alles, was er hat, mit uns zu teilen. Wir gehören zur Familie Gottes, sind seine Kinder und damit auch seine Erben. Welchen höheren Status sollten wir erreichen können? Eines Tages werden wir mit Jesus über die Schöpfung herrschen. Wer könnte mächtiger sein als der, der über die Schöpfung herrscht?

Früher habe ich für Reichtum, Macht, Ansehen und Status gearbeitet und ich habe festgestellt, dass ich nicht ansatzweise befriedigt wurde von dem, was ich erreicht hatte. Und dann kam der Moment, ab dem Gott mir diese Arbeit

DAS VERRÜCKTE IST, DASS GOTT GAR NICHTS DAGEGEN HAT, WENN WIR REICH ODER MÄCHTIG SIND. IM GEGENTEIL.

abnahm. Lob von Menschen? Wozu, wenn Gott mich lobt? Anerkennung von der Welt? Wertlos, wenn ich Gottes Anerkennung bekomme. Stolz auf Reichtum? Irdische Macht über meine Angestellten? Lächerlich im Vergleich zur Macht über Dämonen und Krankheiten, an der Gott mich teilhaben ließ.

Ein paar Tage nach meiner Bekehrung stand ich in meiner Garage und schaute auf mein weißes Pferdchen, einen Audi S5 Sportcabriolet, Allrad, rassiges rotes Vollleder, 333 PS und Niederquerschnittsreifen. Mein Traumauto. Aber ich wollte nicht, dass mich dieser Wagen auch nur einen Tag länger definierte, und wollte ihn loswerden, damit ich nicht irgendwie dazu verführt würde, von Gottes Weg abzuweichen. Allerdings machte es einfach super viel Spaß, damit herumzufahren.

Ich bete: »Gott, ich bin bereit, dieses Auto sofort abzugeben, aber sollte es einen Weg geben, dass mein Herz bewahrt wird und ich trotzdem das Auto behalten kann, dann würde ich diesen Weg bevorzugen!«

Gott antwortete sofort: »Wohlstand zu haben, ist nicht das Problem. Es geht darum, wie du damit umgehst.«

Das saß tief.

Aber ist das nicht logisch? Abraham und Salomo waren die reichsten Männer ihrer Zeit und die beiden sind nicht die einzigen

Beispiele reicher Menschen, die eine hervorragende Beziehung mit Gott führen und Wohlgefallen finden. Jesus erzählt das Gleichnis von den Talenten; darin lobt er die, welche starkes Wachstum für den Herrn produzieren. Als Belohnung erhalten sie noch mehr.

Ich behielt den Wagen und fuhr mit offenem Verdeck und lautem Lobpreis fröhlich meiner Wege. Der Vorteil am Cabriolet ist ja, dass man beim Lobpreis die Hände in die Höhe strecken kann. Nach ein paar Tagen fing es an, komisch zu werden. Ich hatte nur grüne Ampeln und fragte mich zunehmend, wie Gott das denn machte. Steuert der Heilige Geist meinen rechten Fuß auf dem Gaspedal, sodass ich immer bei Grün ankomme? Wenn ich Leute mitnahm, durften diese an der grünen Welle teilhaben. Es war eine fantastische Zeit. Nach etwa sechs Monaten verschwand mein Ampelsegen und ich wurde zu einem normalen Fahrer »degradiert«.

Aber meine Einstellung zu Reichtum blieb: Reichtum ist eine von vielen Möglichkeiten, wie Gott uns segnet. Wir Menschen sollten mit allem, was Gott uns gibt, verantwortungsvoll umgehen. Auch mit Geld. Und das heißt, dass wir sorgsam, aber großzügig, gewissenhaft, aber freigiebig damit umgehen.

—

Ich wurde in den Jahren sehr oft mit Fragen konfrontiert, wie ich denn ein ernsthafter Nachfolger Jesu sein und gleichzeitig »dem Mammon« dienen könnte. Keine schlechte Frage, aber ich möchte sie nicht direkt beantworten, stattdessen folgende Erkenntnis weitergeben:

Ich war mit einem meiner Mitarbeiter eine Woche in Monaco auf einer Messe. Eines Abends ließen wir die Strandpromenade hinter uns und erkundeten die Stadt, um zu sehen, wie die Einheimischen so lebten. Wir gingen durch verwinkelte Gassen auf den Pfaden der Formel-1-Rennstrecke und kamen am Büro eines Immobilienmaklers vorbei. Die Wohnungen in den relativ hässlichen Wohntürmen kosteten zwei Millionen Euro aufwärts – bei gerade einmal 65 Quadratmetern Wohnfläche. Irgendwann fand ich etwas Günstiges für unter 250 000 Euro – bei genauerem Hinschauen stellte ich fest, dass es sich um einen Parkplatz handelte. Wenig später gingen wir in ein einfaches Restaurant und beim Betrachten der Speisekarte verließ mich schlagartig der Hunger. Ein Bier kostete zehn Euro, eine Vorspeise 35 Euro, ein Hauptgericht 65 Euro, Nachtisch 25 Euro. Wir bestellten uns jeder ein Getränk und eine Vorspeise und gingen hungrig und etwa 100 Euro ärmer nach Hause. Ich fühlte mich arm. Richtig arm. Ich würde mit meinem deutschen Geschäftsführergehalt in Monaco wie ein Hund in irgendeinem Kellerloch hausen, sparsam kochen und mein Auto am Stadtrand parken müssen.

In unserem Hauskreis gab es ein Ehepaar mit Verwandten in Afrika, die dachten, dass das Ehepaar aus dem Hauskreis sehr reich sein musste. Er arbeitete als Wachmann und verdiente ein nicht wirklich großartiges Gehalt. Das Problem war, dass die Verwandten sein Einkommen auf ihre Währung umgerechnet hatten. 2 000 Euro Nettoeinkommen entsprachen 800 000 Naira, der Währung, mit der man in Nigeria bezahlt. Und damit war man sehr wohlhabend in Nigeria. Auf seine Erklärungsversuche, dass er ja schon 700 Euro für die Wohnung und 300 Euro für das Auto und 600 Euro für Nahrung bezahlen würde, bekam er nur ein unverständliches Gelächter zurück. Die Botschaft war eindeutig: »Du bist reich, wir sind arm, deswegen schickst du uns jetzt Geld.«

Die Frage, die sich die Verwandten stellten, war: »Wie kannst du so reich sein und dennoch Jesus dienen? Dein Herz ist in Gefahr, von den 2 000 Euro korrumpiert zu werden. Hör auf, so viel Geld zu verdienen, oder wenn du schon so reich bist, dann spende wenigstens die Hälfte davon.«

Interessanterweise dachte der Mann genau das Gleiche über mich. Mehrmals betete er, dass ich »den Versuchungen des Geldes nicht erliegen würde, nicht stolz werden würde, meine Liebe zu Jesus durch das viele Geld nicht kaputtgehen würde.« Seine Absichten waren an sich ehrenwert und seine Sichtweise auch plausibel. So, wie seine afrikanischen Verwandten für ihn beteten, betete er für mich.

Es gibt immer jemanden, der reicher ist, und immer jemanden, der ärmer ist. Beides ist nur eine Frage der Perspektive. Mir fällt es natürlich leicht, Menschen zu finden, die ärmer sind als ich. Ich gehöre vermutlich zum reichsten Prozent der Welt, je nachdem, wie man das rechnen möchte. Dennoch gibt es jede Menge Menschen, die ein Vielfaches von dem besitzen, was ich besitze. Und selbst, wenn die afrikanischen Verwandten zu den ärmsten zehn Prozent auf der Welt gehören, werden sie Menschen finden, denen es schlechter geht. Es kann also nicht darum gehen, ob man arm oder reich ist. Es geht immer darum, wie man mit dem, was man hat, umgeht.

Wie kann ein Christ reich werden?

Wenn du ein besseres Leben führen und Reichtum erleben willst, steht das nicht im Gegensatz zur Botschaft der Bibel. Ich erwähne erneut Hiob, Abraham oder König Salomo und es gäbe noch mehr. Aber Reichtum ist von so vielen Faktoren abhängig. Mit 5 000 Euro im Monat kannst du in Bielefeld sehr gut leben, in München wird es in den angesagten Stadtteilen schon langsam eng und in Monaco haust du mit diesem Gehalt in einem schäbigen Kellerapartment. Es nützt nichts, allen armen Menschen einfach Geld zu schenken und so die Armut zu besiegen. Die Preise würden sich einfach anpassen und arme Menschen blieben auch weiterhin arm.

Auch wie jeder Mensch seine Entscheidungen trifft, ist ganz individuell abhängig von den eigenen Lebenszielen. Je nachdem, welche Prioritäten du für dich definiert hast, wirst du dich entscheiden – auch wenn es um deine finanziellen Ziele geht. Wir haben einen freien Willen und können Entscheidungen treffen, die uns am Ende finanziell wenig einbringen, oder Entscheidungen, die uns finanziell nach vorne bringen. Aber auch das ist relativ zu sehen. Wer beispielsweise in einem totalitären Staat, in den Slums der Welt, in den untersten Kasten Indiens oder in einem Land im Krieg lebt, kann, wenn überhaupt, nur kleine Schritte nach vorne gehen. Oder wer in unseren Breitengraden zum Beispiel einen Beruf im sozialen Bereich ergreift, weil der total seinen Fähigkeiten und Interessen entspricht, kann auch nur mit wenig Geld auf dem Konto rechnen, wird aber hoffentlich durch seine Arbeit auch mit Freude und Sinnhaftigkeit entlohnt.

Dennoch geht es letztendlich darum, etwas zu finden und anzubieten, wofür andere bereit sind, Geld zu bezahlen. Und darum, dass du dich damit beschäftigst, was »reich sein« für dich konkret bedeutet und welche Priorität du speziell dem finanziellen Reichtum in deinem Leben einräumen willst.

ALLE GUTEN GABEN KOMMEN VON GOTT. DEIN PAPA IM HIMMEL IST AUF DEINER SEITE.

Dabei dürfen wir nicht vergessen, dass alle guten Gaben von Gott kommen. Dein Papa im Himmel ist auf deiner Seite. Er möchte, dass es dir gut geht, denn wenn es dir gut geht und du im Überfluss lebst, kannst du anderen helfen und ihnen von deinem Überfluss abgeben. Das betrifft sowohl Geld als auch Wissen oder zum Beispiel Nächstenliebe. Du wirst zu einem Zeugnis für die Größe Gottes. Der erste Schritt ist, zu glauben, dass du als Kind Gottes berufen bist, nicht der Schwanz, sondern der Kopf zu sein. Der zweite Schritt ist, herauszufinden, was du bisher von Gott bekommen hast. Denke daran, dass du alles, was du hast, von

Gott bekommen hast. Materielle und immaterielle Dinge. Frage Gott, was deine Bestimmung ist, welche Begabungen er in dich hineingelegt hat und wo deine Talente optimal eingesetzt werden können. Damit sind wir schon beim dritten Schritt, nämlich all diese Dinge, die Gott dir in seiner Gnade geschenkt hat, sinnvoll zu verwalten und einzusetzen.

Wenn du nicht weißt, wie du diese Dinge einsetzen sollst, brauchst du mehr Weisheit, aber auch die kannst du von Gott bekommen:

> Wenn jemand unter euch Weisheit braucht, weil er wissen will, wie er nach Gottes Willen handeln soll, dann kann er Gott einfach darum bitten. Und Gott, der gerne hilft, wird ihm bestimmt antworten, ohne ihm Vorwürfe zu machen.
>
> *Jakobus 1,5*

Die Bibel verspricht uns an anderer Stelle, dass wir noch mehr von Gott bekommen, wenn wir das, was wir haben, gut verwalten und vermehren. Das heißt, Erfolg (nicht nur, aber auch in finanzieller Hinsicht) ist im Endeffekt ein Nebenprodukt deines Lebens mit Jesus. Das ist doch abgefahren!

Werde zu einem Problemlöser. Werde ein Überwinder, trenne dich vom Armutsdenken, entdecke deine Stärken und werde exzellent darin. Baue stabile Beziehungen, kümmere dich um deine Frau, Kinder und Verwandten und dann lass deine Schätze in die Welt hinaus, indem du das, was du von Gott empfangen hast, nicht für dich behältst, sondern großzügig weitergibst: Deine Erkenntnis, deine Weisheit, natürlich dein Geld und was auch immer.

Denn was wir nicht vergessen dürfen, vor allem dann nicht, wenn wir tatsächlich erfolgreich oder reich sind: Alles, was wir haben, gehört in Wirklichkeit unserem Vater im Himmel. Alles, was wir haben, haben wir aus reiner Gnade, mit dem Ziel, unserem Vater Ehre damit zu machen.

Was für ein Unterschied zu meinem früheren Leben, in dem mein Reichtum einzig und allein mir selbst zur Ehre diente.

Vom Weitergeben des göttlichen Segens

Lass mich einige Beispiele erzählen, was es konkret für mich bedeutet, den Reichtum, mit dem Gott mich gesegnet hat, sinnvoll weiterzugeben, sodass es Gott Ehre macht.

Als frischgebackener Christ lernte ich schnell viele neue Menschen kennen und wurde zu verschiedenen Familien nach Hause eingeladen. Einmal stand ich in der Küche einer Familie aus der Gemeinde und hörte der Tochter zu, wie sie über ihren Plan berichtete, einen Auslandseinsatz in einem Erdbebengebiet in Haiti zu machen, um dort Menschen zu helfen. Die Insel war weitgehend dem Erdboden gleichgemacht worden. Die Not war exorbitant groß. Mein Herz pochte und Gott sprach zu mir, dass ich sie mit 3 000 Euro unterstützen sollte. 3 000 Euro – einfach so? Mir kam das etwas komisch vor und so fragte ich vorsichtig nach, wie sie denn die Reise finanzieren würde. Sie antwortete, dass sie etwas gespart hätte, einige Freunde sie unterstützen würden, aber es wäre noch eine große Summe von 3 000 Euro offen. Sie glaubte, Gott würde sich darum kümmern. Und das tat er.

> MEIN HERZ POCHTE UND GOTT SPRACH ZU MIR, DASS ICH SIE MIT 3 000 EURO UNTERSTÜTZEN SOLLTE. 3 000 EURO – EINFACH SO?

Ich erlebte viele verrückte Dinge, die so ähnlich oder auch ganz anders verliefen. Ich durfte immer wieder erleben, wie Gott mich benutzte, um Menschen zu segnen. Menschen, die auf Gott vertraut hatten, dass er sich kümmern würde. Es ist toll, auf diese Weise ins Reich Gottes investieren zu können.

Dabei gibt es aber eine sehr wichtige Frage: Wie soll ich unterscheiden, ob es für mich dran ist, eine Person oder einen Dienst zu unterstützen oder nicht? Vollkommen klar, denn ich bin absolut nicht der reichste Mann der Welt und selbst dem geht das Kleingeld aus, wenn er auf die Idee kommt, die Welt aus eigener finanzieller Kraft retten zu wollen. Ein weiser und verantwortungsvoller Umgang mit Gottes finanziellem Segen bedeutet nicht, mein gesamtes Geld an die nächstbesten Passanten zu verschenken. Ich entschied mich, nur dann Geld herzugeben, wenn ich explizit von Gott die Anweisung erhalte. Aber wenn das der Fall war, wollte ich gehorsam sein und ohne Zögern großzügig sein, wie Gott zu mir großzügig war. Ein paar Menschen, denen ich leider absagen musste, schrieben mir anschließend bitterböse Nachrichten. In dem Moment wurde mir klar, dass ich mich richtig entschieden hatte.

Als wir unseren Kasachstaneinsatz mit den Bibelschülern vorbereiteten, hatten wir ein gewisses finanzielles Problem: Die Reise kostete jeden von uns 1 200 Euro. Für einen Bibelschüler eine sehr hohe Summe. Ein echter Glaubenstest. Es sei denn, man hat den reichen Nathanael im Team, der wird im Zweifel alles übernehmen. Genau diesen Gedankengang fand ich aber nicht gut.

Ich wollte nicht der finanzielle Notnagel sein und erklärte Gott meine Bedenken: »Ich will nicht einen einzigen Euro von den Bibelschülern übernehmen, ich erwarte, dass du dich darum kümmerst, dass die Spenden irgendwie reinkommen!«

Es gingen keine Spenden ein und wir mussten die Tickets buchen. Diese Aufgabe übernahm ich, war aber weiterhin nicht bereit, die anderen finanziell weiter zu tragen. Also wartete ich. Und tatsächlich erhielten alle Bibelschüler den benötigten Betrag an Spenden.

In der Ehe läuft das noch mal ein bisschen anders. Genau wie bei anderen Entscheidungen oder prophetischen Eindrücken stimme ich mich mit meiner Frau ab. Es ist einfach gut, Dinge gemeinsam zu prüfen und sich nicht nur auf sich selbst zu verlassen. Wir hatten einmal beide auf dem Herzen, einen Bibelschüler aus Bad Gandersheim finanziell zu unterstützen. Die Frage war nur: Wie viel?

So beteten wir beide, dass Gott uns die Zahl sagen möge, und schrieben sie auf. Meine Frau hatte zwei Zahlen aufgeschrieben, eine davon passte bis auf einen Euro genau zu meiner Zahl, die andere lag weit darunter.

»Die höhere Zahl hatte ich zuerst gehört, dann dachte ich mir, dass sie vielleicht zu hoch ist, und habe eine zweite aufgeschrieben.«

Wir gaben den höheren Betrag.

Manchmal gibt es die Bestätigung von Gott auch erst im Nachhinein. Wir hatten uns dazu entschlossen, eine Person über einen gewissen Zeitraum mit einem bestimmten Betrag monatlich zu unterstützen. Als nun der von uns festgesetzte Zeitraum zu Ende war, gaben wir ihr kein Geld mehr. Später berichtete sie uns, dass zwei andere Personen von sich aus auf sie zukamen und ihr Unterstützung anboten. Gemeinsam gaben sie ihr exakt die Summe, mit der wir sie zuvor unterstützt hatten.

In vielen Situationen geben wir Menschen aber auch ganz spontan Bargeld, wenn der Herr uns das sagt. Gott forderte mich einmal auf, einem Bibelschüler einen 50-Euro-Schein an eine ganz bestimmte Stelle in seiner Bibel zu stecken. Ich gehorchte. Keine Ahnung, wann er den Schein fand und in welcher Situation er ihn auf welche Weise segnete.

Aber ist das nicht schön? Es gibt so viele Bücher und Geschichten, in denen Menschen davon berichten, wie sie von Gott versorgt werden. Plötzlich ist da Geld auf dem Konto, sie finden Geld an irgendwelchen Stellen, Menschen beschenken sie. Gottes Versorgung ist zuverlässig und großzügig. Aber auf der anderen Seite braucht es immer auch Menschen, die zuvor von Gott mit Reichtum gesegnet wurden und die im entscheidenden Moment gehorsam sind und Geld hergeben. Es ist so schön, wie Gott auf diese Weise Menschen ganz unterschiedlich benutzt und ich freue mich, so ein Werkzeug Gottes zu sein.

Übrigens versuchen wir, wenn es geht, das Geld anonym zu geben. Wir wollen eben nicht die großen Spender sein. Gott soll die Ehre bekommen und nicht wir. Aus genau dem gleichen Grund fällt es mir nicht leicht, dieses Kapitel zu schreiben. Ich möchte wirklich nicht damit prahlen, wie viel Geld ich hergebe. Es handelt sich nur um Beispiele, die zeigen sollen, wie radikal Gott mein Leben umgekrempelt hat.

Ressourcen? Mehr als nur Geld!

Allerdings geht es nicht nur um finanzielle Ressourcen. Christen segnen sich gegenseitig und die Menschen in ihrem Umfeld auf ganz unterschiedliche Weise. Zum Beispiel auch mit den Gnadengaben, von denen ich im Kapitel 6 berichtete. Eine andere Möglichkeit ist sicherlich Geld, eine weitere Zeit. Und dann wäre da noch Raum.

Meiner Frau und mir ist es wichtig, gastfreundlich zu sein und unser Haus mit anderen Menschen zu teilen. Deswegen haben wir ein Zimmer als Gästezimmer eingerichtet. Als wir dann zwei Kinder hatten, holten wir zwei Mal ein Au-pair-Mädchen, das dann in diesem Zimmer wohnte. Also bauten wir ein zweites Gästezimmer im Dachboden aus, um weiterhin Gäste empfangen zu können. Das waren Bibelschüler, die als Sommerhelfer bei Aquatuning arbeiteten, Yuliyas Cousin, der seine Ferien bei uns verbrachte, eine Freundin, die mehrere Monate bei uns wohnte, und viele andere Menschen zu vielen anderen Gelegenheiten, mal kürzer, mal länger. Es ist toll, wenn unser Haus mit Leben gefüllt ist. Und oft konnten nicht nur wir unsere Gäste segnen, sondern unsere Gäste waren auch ein Segen für uns.

———

Zum Abschluss dieses Kapitels vielleicht noch zwei Geschichten, die dieses ständige Geben und Nehmen im Reich Gottes illustrieren. Meine Frau und ich verbrachten unsere Flitterwochen in Tunesien. Wir waren früh am Flughafen, und am Gepäckschalter hatte sich bereits eine lange Schlange gebildet, obwohl dieser noch gar nicht geöffnet war. Wir bewegten uns nur sehr langsam vorwärts und als ich mich so umschaute, wurde mir klar, was hier los war: Ich war früher schon mal nach Djerba geflogen, da waren nur Touristen im Flugzeug. Dieses Mal handelte es sich um eine Linienmaschine aufs Festland und viele Einheimische verreisten zum Teil in größeren Familiengruppen. Ständig kam es am Schalter zu irgendwelchen Diskussionen. Als die Familie vor uns an der Reihe war, packte der Vater die Koffer aufs Band und natürlich gab es direkt wieder eine Diskussion.

Mir platzte der Kragen. »Das ist meine Hochzeitsreise, ich stehe nun schon seit über einer Stunde in der Schlange und jetzt kommt dieser Kollege und hält alles extralang auf.«

Gott antwortete: »Du bist genau richtig, da wo du bist.«

Mir wurde ganz anders, was war hier los, wozu war ich hier? Die Diskussion vor uns ging munter weiter. Aus Gründen der Diskretion hatten wir natürlich Abstand zu der tunesischen Familie gehalten, aber die Auseinandersetzung wurde etwas lauter. Der Familienvater sprach sehr schlecht Deutsch, die nette, aber mittlerweile ziemlich strapazierte Dame am Schalter sprach offensichtlich gar kein Arabisch. Um es kurz zu machen: Er hatte die Koffer zu voll gepackt und das zulässige Gewicht überschritten. Zu allem Überfluss hatte er nur etwa 20 Euro Bargeld dabei und weder EC- noch Kreditkarte. Der Mann war der Verzweiflung nahe.

Mein Herz pochte, ich wusste was zu tun war. Ich holte meine Brieftasche raus, nahm 55 Euro und legte sie der Frau auf den Tisch: »Ich übernehme das für ihn.«

Ich weiß nicht, wer mehr irritiert war. Der Mann tat sich sehr schwer, das Geld anzunehmen, während die Frau am Schalter ziemlich entgeistert dreinschaute. Ich erklärte mit Nachdruck, dass ich darauf bestand, diese Gepäckkosten zu übernehmen. Die Frau wickelte die Formalitäten ab und das Gepäck wurde per Laufband wegbefördert. Der Mann bedankte sich und wollte mir wenigstens die 20 Euro geben, das letzte Geld, das er hatte. Aber was, wenn er später seinen Kindern Wasser kaufen wollte?

Ich lehnte dankend ab und hatte reichlich Mühe, ihn loszuwerden. Er wollte sich so gern erkenntlich zeigen, wollte nicht in meiner Schuld stehen, und mir sein letztes Geld zu geben, war die einzige Möglichkeit, die er hatte. Aber ich blieb hart und wir gingen davon. Von all den Menschen, die hier ihr Gepäck aufgeben wollten, hatte Gott uns direkt hinter dieser Familie platziert. Anscheinend wollte Gott dieser Familie heute helfen, und er benutzte uns als sein Werkzeug.

Tja und dann kam der Tag, als es mir so ähnlich ging, wie diesem Mann. Gleiche Szene: Gepäckabwicklung vor einem internationalen Flug, allerdings in die USA. Ich hatte zwar mitbekommen, dass man die Flüssigkeiten im Handgepäck in Tüten verpacken musste, hatte aber keine Tüte dabei und somit ein Problem, für das der Flughafen in Form eines Tütenautomaten eine Lösung bereitgestellt hatte. Dummerweise hatte ich mich aber aller Euromünzen entledigt und mich mit Dollars eingedeckt. Da stand ich also vor dem Automaten mit meinen Dollars und war für kurze

Zeit im Grunde bettelarm. Ich fragte andere Passagiere, ob mir jemand Dollar in Euro wechseln würde, damit ich mir eine Plastiktüte kaufen könne. Eine Frau kam wortlos aus der Warteschlange hervor, drückte mir einen Euro in die Hand.

Ich sagte: »Warten Sie, ich kann Ihnen das in Dollar zurückgeben.«

Sie winkte aber ab und ging zurück in die Schlange.

Ich weiß, ich weiß. Es war nur ein einziger kleiner Euro. Aber ich war superfroh über diese nette Geste. Es ist ja auch nicht so leicht, eine Gelegenheit zu finden, mir finanziell aus der Patsche zu helfen. Und als ich dann mal in Not war, war da jemand da. Es geht doch nicht darum, wie viel wir anderen geben. Es geht um unser Herz. Es geht darum, mit dem, was Gott uns gegeben hat, gut umzugehen. Reichtum ist auf keinen Fall ein Grund, sich selbst groß oder toll zu fühlen. Du kannst dich groß und toll fühlen, weil du Bürger im Reich Gottes, weil du ein Kind Gottes bist. Aber nicht, weil du mehr Geld hast als dein Nachbar, deine Kollegen, deine Freunde oder Verwandten. Und das führt uns direkt zum nächsten Kapitel und Thema; dem Thema Selbstwert.

9 SELBSTWERT – Was ist der Preis meiner Freiheit?

Erinnerst du dich an meine zehn Ziele? Ich habe im ersten Kapitel über den Sinn des Lebens darüber geschrieben. Der Reichtum, mein Erfolg, das waren früher die Quellen meines Selbstwertes. Immer, wen ich einen beruflichen Erfolg feierte, immer wenn ich die Anerkennung meiner Freunde bekam, immer wenn ich eine Frau erfolgreich abschleppte, fühlte ich mich gut. Ich war angenommen. Ich musste etwas dafür tun, aber das fiel mir relativ leicht. Und wo ich schon mal dort oben war, konnte ich wunderbar auf andere herabschauen. Mein Verhalten von damals war allerdings nur das Ende einer langen Entwicklung, die bereits in meiner Kindheit angefangen hatte.

Als Kind war meine Familie das Zentrum meines Lebens. Sie war bis auf einige Streitereien intakt und mein Zuhause war der Ort, an den ich mich zurückzog, wenn es etwas stürmisch wurde. Das heißt, im Großen und Ganzen hatte ich eine normale Kindheit, die mehr oder weniger so aussah wie viele Mittelstandskindheiten im Deutschland der 8oer-Jahre. Natürlich könnte ich über bestimmte Dinge meckern, die aus meiner heutigen Sicht damals falsch gelaufen sind. Mir ist jedoch vollkommen klar, dass meine Eltern mit ihren Mitteln, Möglichkeiten und Denkmustern versuchten, das Beste für mich und meine Geschwister zu erreichen.

Mein Vater ging in seiner Arbeit auf und legte sich als Versorger der Familie mächtig ins Zeug. Er baute unser Haus weitgehend mit den eigenen Händen aus und reparierte unsere Fahrräder und auch unsere Autos selbst, soweit das eben möglich war.

Als bei meinem ersten Auto die Bremsen anfingen, seltsam zu ruckeln, schaute sich mein Vater alles genau an und stellte fest, dass die Bremsklötze so stark abgenutzt waren, dass schon Metall auf Metall rieb. Wir kauften neue Bremsklötze und bauten sie ein, das Ruckeln blieb jedoch. Kein Problem, vielleicht hatten die Bremsscheiben etwas gelitten. Also bauten wir sie aus, spannten sie auf die Drehmaschine und zogen sie einmal plan ab. Wir bauten sie wieder ein und das Ruckeln war Geschichte. Es ist großartig, so einen Vater zu haben.

Meine Mutter kümmerte sich um uns vier Kinder, hatte zeitweise zwei Pflegekinder und gab auch noch Volkshochschulkurse. Sie schmiss den Haushalt, kochte, flickte kaputte Kleidung und organisierte die Nahrungsmittelversorgung so, dass sie nie etwas wegschmeißen musste. Wenn ich mir mein Leben heute anschaue, bei dem es leider relativ normal ist, dass Essen im Müll landet, frage ich mich, wie sie das damals so gut hinbekommen hat.

Meine Großeltern waren im Zweiten Weltkrieg mit nichts als der eigenen Kleidung am Leib aus Ostpreußen in den Westerwald geflohen. Mein Opa und später dann auch mein Vater haben sich aus einfachsten Verhältnissen hochgearbeitet, weitergebildet und sich ihre Existenz buchstäblich selbst aufgebaut. Unter diesen Bedingungen war die oberste Maxime, dass alles und jeder funktionieren musste. Für uns Kinder bedeutete das, das Fundament, das meine Eltern und Großeltern gelegt hatten, möglichst gut zu nutzen: Wir sollten gute Noten schreiben, um etwas Sinnvolles studieren zu können, um einen möglichst tollen Job mit guter Bezahlung zu bekommen. Die Verwirklichung von Träumen, die Suche nach einer Bestimmung oder das Streben nach Glück waren nicht relevant.

Auf dem Weg, möglichst gute schulische Leistungen zu erzielen, ließen uns meine Eltern nicht allein. Im Gegenteil. Insbesondere meine Mutter machte sich viel Mühe. Leistung wurde nicht nur eingefordert, wir wurden auch gefördert. Mein Vater entwickelte ein Belohnungssystem und je nachdem, welche Noten wir im Zeugnis bekamen, erhielten wir ein zusätzliches Taschengeld.

- Note 1: 40 Mark
- Note 2: 20 Mark
- Note 3: 0
- Note 4: -20 Mark
- Note 5: -40 Mark

Bei einer Note 6 hätte es für das ganze Zeugnis überhaupt keine Entlohnung mehr gegeben. Allerdings hatte keiner von uns jemals eine Note 5 oder 6 im Zeugnis stehen. Ich war recht gut in der Schule, üblicherweise sogar Klassenbester und konnte zwei Mal pro Jahr gut abkassieren.

Diese Art zu leben, macht vor dem Hintergrund unserer Familiengeschichte sicherlich Sinn. Für meine Großeltern ging es schließlich ums blanke Überleben. Aber dieser pragmatische Fokus hatte Einfluss auf unseren Umgang miteinander. Ich entwickelte als Kind keine wirklich enge Beziehung zu meinen Eltern. Über Gefühle zu sprechen, war unüblich, das Ziel jedes Einzelnen war ja, einen möglichst großen praktischen Beitrag zu leisten. Als Kind nimmt man das alles aus einer begrenzten, selbstzentrierten Perspektive wahr. Ich kannte nichts anderes. Das war halt so. Daher war es mir auch nicht möglich, konstruktiv mit der Situation umzugehen. Stattdessen passte ich mich an und entwickelte ein gewisses Leistungsdenken.

Aber mit einigem Abstand ist die Bilanz unseres damaligen Lebensstils recht traurig: Meine Großeltern ließen sich scheiden und wenn wir meinen Opa besuchten, ging es immer nur um sein Erbe. Wer kriegt was, wer bekommt die Häuser, wer geht leer aus. Die Verwandtschaft meiner Großmutter war schon einen Schritt weiter und führte einen offenen und verbitterten Krieg gegeneinander, bei dem sie jegliche Menschlichkeit ihrem Egotrip opferten. Die gleichen Dinge konnte man auch in den anderen Verwandtschaftslinien beobachten: Scheidung, Streit, Krieg ums Geld und die Kinder. Ich lernte also, wie wichtig es ist, etwas zu leisten, und dass Familie und Ehe im Zweifel Ärger bedeuten.

Außerhalb der Familie war ich ein Außenseiter. Die anderen Jungs waren cool, ich nicht. Ich wurde wegen meines Aussehens gemobbt. Meine Haare waren dünn, tolle Frisuren unmöglich und meine Mutter machte nicht gerade das Beste draus, sondern verschlimmerte die Lage mit ihren eigenwilligen Schnitten noch. Meine Lippen waren überdurchschnittlich gut durchblutet und ziemlich rot, die Ohren standen ab, auf meiner Nase saß eine Brille. Dazu hatten weder meine Mutter noch ich sonderlich großes Geschick bei der Auswahl von Klamotten und trafen stets die falsche Wahl. Zumal es sich zum Teil um die Klamotten meiner älteren Geschwister und um geflickte Klamotten handelte.

Neben den Äußerlichkeiten kam noch die Religiosität meiner Familie dazu. Ich ging brav mit in den Gottesdienst und all die Geschichten aus der Bibel waren wohl nicht ganz spurlos an mir vorübergegangen. Ich hatte ein komisches Verhalten entwickelt. Zwar wollte ich so sein wie die coolen Jungs, doch wusste ich nicht, wie das geht. Ich hatte die Zehn Gebote schön auswendig gelernt und unterbewusst hatte ich ein ausgeprägtes Verlangen, das Richtige zu tun und hart gegen mich und andere ins Gericht zu gehen. Klar, dass es einem so verkorksten Jungen schwerfiel,

> ICH LERNTE ALS KIND, WIE WICHTIG ES IST, ETWAS ZU LEISTEN, UND DASS FAMILIE UND EHE ÄRGER BEDEUTEN.

Freunde zu finden. Ich hatte immerhin zwei. Und so war meine Schulzeit im Wesentlichen davon geprägt, dass immer die anderen das bekamen, was ich wollte: Freunde, Ansehen, Anerkennung, Lob, und Freundinnen.

Nun, diese Kindheit wurde auf verschiedenste Weise zum Fluch und zum Segen für mich. Ich hielt Christen für Heuchler und Loser, weil die Christen meiner Familie miteinander stritten, sich scheiden ließen und nichts von dem, was in der Bibel stand, in ihrem Leben Realität zu sein schien. Aber mein Weg zu Gott begann, weil ich die Bibel las, die mir meine Schwägerin einst schenkte und weil ich meinen Bruder in einen Gottesdienst begleitete. Ich lernte, wie wichtig Leistung ist, weshalb ich es schaffte, ein Unternehmen aufzubauen und erfolgreich zu führen. Aber ich lernte nicht, angenommen und geliebt zu sein, einfach nur, weil ich ich bin. Möglicherweise hat diese Prägung zu Erfolg auch dazu beigetragen, dass ich einige Zeit nach meiner Bekehrung in ein gefährliches Leistungsevangelium rutschte und versuchte, mir Gottes Liebe, seine Gegenwart und sein Wirken durch Leistung zu erkaufen.

Ich bin ein Kind Gottes

Heute weiß ich, dass Gott mich angenommen hat und mich liebt. Das heißt auch, dass mein Selbstwert nicht mehr von meiner Leistung und von anderen Menschen abhängig ist. Gott ist im Himmel und jubelt über mich (Zefanja 3,17). Er allein bestimmt meinen Wert. Und ich bin ihm so viel wert, dass er seinen einzigen Sohn sterben ließ, um mich zu retten. Das hat solch krasse Auswirkungen. Ich kann im Herrn ruhen. Ich bin nicht mehr auf Menschen angewiesen, die mir irgendwie bestätigen müssen, dass ich toll bin. Ich muss nichts leisten, ich muss kein guter Christ sein. Der Außenseiter, der sich irgendwie selbst bestätigen musste, zu den coolen Jungs zu gehören, dem Frauen beweisen mussten, begehrenswert zu sein, ist Vergangenheit. Ich bin durch Jesus ein neuer Mensch.

Als frisch geborener Christ war ich mir dieses Wertes schnell bewusst. Wer etwas Bibel liest oder sich ein paar Predigten anhört, kriegt normalerweise auch relativ schnell mit, dass sich Gott über uns freut und dass er uns sogar höher schätzt als seine Engel.

ER ALLEIN BESTIMMT MEINEN WERT. UND ICH BIN IHM SO VIEL WERT, DASS ER SEINEN EINZIGEN SOHN STERBEN LIESS, UM MICH ZU RETTEN.

Paradoxerweise zeigt uns auch der Teufel, dass wir wertvoll sind. Denn immerhin sind wir der Mühe wert, uns mit Lügen vollzuballern. Er jubelt über jeden, den er in der Trennung von Gott gefangen halten kann.

Und dann merkte ich, dass ich auch für andere Menschen einen Wert besitze. Als ich beispielsweise anfing, meine Geschichte zu erzählen, wurden viele Menschen errettet, weil sie ihr Leben Jesus gaben. Andere wurden von Lügen oder Zwängen befreit, wieder andere geheilt. Was musste ich dafür tun? Sehr wenig. Ich gab ja nur das wieder, was Gott in meinem Leben getan hatte. Das ist vielmehr seine als meine Geschichte, aber ich war es, der sie nun erzählte – zum Vorteil der Zuhörer. Und dadurch wurde ich für die Zuhörer wertvoll – als jemand, der sich von Gott als sein Werkzeug einsetzen ließ.

———

Jetzt müssen wir aufpassen. Das klingt ja schon wieder nach Leistung, oder nicht? Wer viel geben kann, der ist auch viel wert? Nein, so meine ich das nicht.

Es ist vielmehr wie bei einem Wasserglas. Welchen Wert hat das Glas? Es hat einen gewissen Materialwert, der über die Jahre weitgehend gleich bleibt. Je größer das Glas ist desto größer ist auch der Wert. Aber dieser Wert ist eigentlich nicht entscheidend, denn das Glas hat auch einen Nutzwert: Man kann Wasser in das Glas füllen und Menschen können daraus trinken. Stellt man das Glas gut irgendwo ab, bleibt das Wasser nicht lange frisch. Bakterien können gedeihen und das Wasser wird ungesund. Trinkt jemand das Glas dagegen aus, konnte er zwar möglicherweise seinen Durst löschen, aber jetzt ist das Glas leer und auch in diesem Fall bleibt lediglich der Materialwert. Das Geheimnis liegt also daran, das Glas immer wieder zu benutzen. Wenn konstant Wasser nach-fließt, läuft das Wasser irgendwann über den Rand des Glases hinaus und bewässert die Umgebung des Glases. Das Glas selbst bleibt dabei voll. Der Materialwert des Glases bleibt natürlich, aber er spielt eigentlich keine Rolle.

Ein Mensch, der nur für sich lebt, ist wie ein leeres Glas oder ein Glas voll abgestandenem Wasser. Ein Mensch, der sich abra-ckert und Leistung bringt, um wertvoll zu sein, ist wie das Glas, das einmal ausgetrunken wurde und dann ebenfalls leer ist. Ein Mensch, der sich Gott zur Verfügung stellt und Gottes gute Gaben durch sein Leben hindurchfließen lässt und anderen so zur Verfügung stellt, ist wie das Glas, das ständig überläuft.

EIN MENSCH, DER GOTTES GUTE GABEN DURCH SEIN LEBEN HINDURCHFLIESSEN LÄSST, IST WIE DAS GLAS, DAS STÄNDIG ÜBERLÄUFT.

Wenn sich also ein Christ Gott zur Ver-fügung stellt und dadurch zum vollmächti-gen Diener Gottes wird, wird all das Gute, das Gott für uns Menschen hat, durch ihn hindurchfließen. Kannst du dich an die Geschichte aus dem Heilungskapitel erinnern, in der ich von dem Ganglion an meiner Hand erzähle? Meine Frau hatte mir ja die Hand aufgelegt und dadurch den Schrumpfungsprozess eingeleitet. Aber natürlich hat nicht sie mich geheilt, sie hat sich lediglich als Werkzeug zur Verfügung gestellt und Gott hat durch sie gewirkt. Wem gehört also die Ehre? Gott natürlich. Ich bin Gott dankbar, es ist seine Kraft, die mich geheilt hat. Aber ich bin auch meiner Frau dankbar, denn sie war in diesem Fall der Vermittler. Sie war das überfließende Glas.

Ein anderes Beispiel: Ich ziehe immer wieder großen Wert aus Büchern, vor allem dann, wenn die Autoren mir in einem bestimmten Bereich voraus sind: Erziehung, Beziehung, Glaube, Management oder was auch immer. Der Kaufpreis von ein paar Euro ist oft nichts im Vergleich zu dem Nutzen, den ich aus solchen Büchern ziehen kann. Wenn man nun noch berücksichtigt, wie wenig dem Autor oftmals vom Kaufpreis bleibt, sollte man als Leser wirklich dankbar sein und Respekt zollen! Im Wesentlichen stellt jeder dieser Autoren sein über Jahre angesammeltes Wissen oder seine Expertise der Allgemeinheit zur Verfügung. Würde ich auf so einen Autor treffen, dessen Buch mich nachhaltig verändert hat, so würde ich ihm herzlich danken. Ich bedanke mich auch bei den Menschen, die mir ein gutes Buch nur empfehlen. Die Leistung dieser Menschen ist relativ gering, vor allem im Vergleich zur Leistung des Autors, und dennoch waren sie an einem Prozess beteiligt, von dem ich letztendlich profitieren konnte. Letzten Endes geben die Autoren aber nur weiter, was sie von Gott in seiner Gnade erhalten haben

Es ist so einfach, wertvoll zu sein:

- Sein.
- Gottes Angebot annehmen und sein Kind werden.
- Sich als Werkzeug Gottes zur Verfügung stellen und etwas von dem weitergeben, was man selbst von Gott bekommt.

Wo Menschen zusammenkommen, die sich all dieser Dinge bewusst sind, potenziert sich das Ganze. Es entsteht eine Gemeinschaft voller Christen, die darauf bedacht sind, Gott und anderen

Menschen zu dienen. Und zwar nicht aus eigener Kraft, sondern einfach nur, indem man Gottes Kraft durch sich hindurchfließen lässt. Lauter überfließende Gläser also, aufeinandergestapelt wie eine Sektpyramide. In so einer Gesellschaft kann man sich im Zweifel auch mal zurücknehmen, wenn dieser Segensdurchfluss bei einem selbst nicht so recht funktionieren mag und man sich eher wie ein leeres oder abgestandenes Glas Wasser fühlt. Das ist okay, denn es kommt nicht darauf an, Dinge gegeneinander aufzurechnen. In so einer Gruppe fühlt man sich sofort wohl. Gottes Liebe fließt über und eine Gemeinschaft entsteht, die extrem reizvoll für Außenstehende ist. So in etwa muss die erste Gemeinde gewesen sein, die ein hohes Ansehen in der Bevölkerung genoss und die täglich wuchs.

Die Lügen des Teufels

Leider sind eine Menge Lügen im Umlauf, die den Wert, den uns Gott zuschreibt, leugnen und das Potenzial haben, diesen Segensfluss von Gott zu den Menschen hin zu unterbrechen. Die Welt sagt uns, wir seien nicht schön genug, nicht reich genug, nicht witzig genug. Wir müssen mehr leisten, mehr Freunde haben, erfolgreicher sein. Sie sagt, wir könnten ohnehin nichts ausrichten und das, was wir beitragen, sei bestenfalls ein Tropfen auf den heißen Stein, wir könnten es also auch gleich bleiben lassen. Das ist alles Quatsch.

Leider kommen solche Lügen auch aus der christlichen Religion: Wir müssen mehr leisten, mehr machen, mehr beten, mehr spenden, damit Gott uns segnet und endlich wirklich liebt und uns gesund macht oder die Dinge schenkt, die wir uns wünschen und damit wir übernatürliche Dinge erleben dürfen. Oder damit er irgendwo auf der Welt endlich den Hunger stillt. Das ist alles

Blödsinn und dient letztendlich nur dazu, dass wir uns schlecht und klein fühlen, uns zurückziehen und für uns bleiben. Wir versuchen dann, unser erbärmliches Leben aufzuwerten, im Zweifel zulasten anderer. Oder wir ziehen trotzig los und retten unseren kleinen Teil der Welt aus eigener Kraft – bis wir überlastet zusammenbrechen.

Ich war selbst auf diesem Irrweg. Mehrfach. Erst, weil ich alles allein schaffen wollte und keinen Bock auf Gott hatte, und später, weil ich dachte, mehr leisten zu müssen, damit Gottes Plan für diese Welt endlich umgesetzt werden kann. Den ersten Irrweg konnte ich nur verlassen, weil Gott mich immer wieder zu sich rief und ich eines Tages seinem Ruf folgte. Beim Verlassen des zweiten Irrweges halfen mir unter anderem einige Bücher – und das Erleben von Gott in meinem Alltag. Er schenkt mir immer wieder Erkenntnisse oder Erlebnisse, die mich zum Nachdenken bringen. Einige davon kann ich nun in diesem Buch an dich weitergeben.

In unserer Gesellschaft und insbesondere in der Geschäftswelt definiert sich ein Wert nicht nach absoluten Größen (selbst der Goldpreis schwankt ja ständig), sondern nach dem, was eine andere Person bereit, ist zu bezahlen. Wer arbeitet, bekommt dafür ein bestimmtes Gehalt. Zum Beispiel einen Stundenlohn oder ein festes Gehalt oder auch eine Provision für abgeschlossene Verträge.

Wer verhältnismäßig reich ist, bekommt für die Zeit, die er investiert, überproportional viel Geld. Und für dieses viele Geld kann man sich sehr viel Zeit anderer Menschen kaufen. Verlangt ein Anwalt beispielsweise 150 Euro pro Stunde und ein Masseur 50 Euro, kann sich der Anwalt vereinfacht gerechnet mit dem Lohn einer Stunde Arbeit gleich drei Stunden Massage leisten, der Masseur muss dagegen drei Stunden arbeiten, um eine Stunde mit seinem Anwalt sprechen zu dürfen. Beim Reichtum spielen aber auch regionale Einflüsse eine Rolle: Ein Polizist in Deutschland kann sich ohne große Probleme einen zweiwöchigen Urlaub in Tunesien leisten, während ein Polizist aus Tunesien ein gesamtes Jahresgehalt für einen ähnlichen Urlaub in Deutschland aufwenden müsste.

Somit sind Armut und Reichtum immer relativ. Manche sagen, man sei arm, wenn man von einem US-Dollar pro Tag leben müsse. Nun, das mag im Senegal gelten, in Deutschland dürfte aber das Taschengeld der meisten Schulkinder diesen Betrag übersteigen. Das heißt, in Deutschland kann man viel mehr Geld zur Verfügung haben und trotzdem arm sein. In München können sich viele Erzieher keine Wohnung leisten, sondern pendeln eine Stunde oder länger mit der S-Bahn, weil sie irgendwo außerhalb der Stadt wohnen müssen. Ein befreundeter Geschäftsführer, der für eine neue Stelle nach München zog, berichtete mir, dass seine stattliche Lohnerhöhung komplett für die höheren Lebenshaltungskosten draufging.

In der Schweiz braucht man noch viel mehr Geld, um nicht arm zu sein. Wir waren auf einer christlichen Konferenz in Bern, und wollten unser Auto auf einem öffentlichen Parkplatz abstellen. Für die Zeit der Konferenz mussten wir 54 Franken bezahlen. Je nach Kurs sind das etwa 50 Euro. Der Automat nahm allerdings nur Münzen an. Um uns herum holten die routinierten Schweizer ihre Geldsäcke im buchstäblichen Sinne heraus, um zu bezahlen. Jemand zeigte Erbarmen und half uns mit Münzen aus.

Was ich damit sagen will: Unser weltweites Wirtschaftssystem basiert auf Leistung. Und das ist äußerst brutal und gnadenlos. Jedes System, das auf Leistung basiert, ist brutal und gnadenlos. Wer seinen Selbstwert auf seine Leistung bezieht, hat zu kämpfen. Er muss schöner sein, reicher sein, besser sein als andere. Und wehe, er versagt.

Ich wünschte mir, alle Menschen auf der Welt würden ein anderes System kennenlernen und verinnerlichen. Das System der Gnade, in dem jeder Mensch wertvoll ist, weil Gott ihn liebt. In dem Gott den höchsten Preis bezahlt hat, indem er seinen Sohn Mensch hat werden lassen und ihn Folter, Schmerzen und Tod ausgesetzt hat, um uns freizukaufen. Jeder Mensch hat einen unendlich hohen Wert. Und daraus sollten wir unseren Selbstwert ableiten.

UNSER WELTWEITES WIRTSCHAFTSSYSTEM BASIERT AUF LEISTUNG. UND DAS IST ÄUSSERST BRUTAL UND GNADENLOS.

Dazu müssen wir freilich jeden Gedanken an Leistung wegschmeißen, selbst unser religiöses Leistungssystem hat dann ausgedient. Gott liebt dich nicht mehr, als er es ohnehin schon tut, wenn du mehr betest, mehr Bibel liest und mehr spendest. Ein solches religiöses Leistungssystem ist noch viel brutaler und gnadenloser als jedes Wirtschaftssystem, weil der Maßstab einfach Gott ist und kein Mensch jemals auch nur ansatzweise aus eigener Kraft etwas wird leisten können, was diesem Maßstab gerecht wird. In einem religiösen Leistungssystem gibt es einen einzigen Superreichen, nämlich Gott, und alle anderen sind super arm. Wer kann so ein System wollen? Der Teufel und keiner sonst.

Was hinterlasse ich der Welt?

Im Laufe der Zeit habe ich mir immer wieder die Frage nach meinem Wert für diese Welt gestellt. Was hinterlasse ich? Große Geldbeträge auf einem Schweizer Nummernkonto? Oder große positive Veränderungen bei vielen Menschen? Ich hatte ja meine Erfahrungen mit Heilung und Evangelisation und all diesen Dingen gemacht. Ich wusste, wie großartig es ist, zu geben, vor allem im Vergleich zum Nehmen. Ich wusste, wie schön es ist, sich als Werkzeug Gott zur Verfügung zu stellen und seinen Segen durch sich hindurchfließen zu lassen. Daraus ist die Vision von ganzheitlicher Gesundheit entstanden, die meine Frau und ich teilen: Wir wollen Menschen dabei helfen, in allen drei Bereichen ihres Daseins – nämlich Geist, Seele und Leib – gesund zu werden und zu bleiben. Wir geben die Weisheiten und Erkenntnisse, die Gott uns anvertraut hat, großzügig weiter. Wir trainieren Menschen darin, selbst zum Glas zu werden, welches dann direkt von Gott gefüllt und selbst zum Bewässerungsmultiplikator wird.

Am Ende meines Lebens möchte ich zurückschauen und sagen können: »Ich habe den Auftrag, den du, Herr, mir anvertraut hast, vollständig erfüllt.«

Das ist kein Leistungsevangelium! Denn wir müssen dafür im eigentlichen Sinne nichts leisten. Es geht lediglich darum, das, was wir aus Gnade von Gott bekommen, an andere weiterzugeben. Und damit bin ich wertvoll für Gottes Reich.

———

Ich glaube, dass ein gesundes Selbstwertgefühl Voraussetzung für jede dauerhafte funktionierende, gesunde Beziehung ist. Ganz einfach deswegen, weil ich den anderen nicht brauche, um mein Selbstwertgefühl aufzubauen. Wer seinen Partner braucht, um beispielsweise glücklich zu sein, hat eine egoistische Grundeinstellung, was auf Dauer nicht funktionieren kann. Wer eine superheiße Freundin braucht, um sich und anderen zu beweisen, dass er ein toller Hecht ist, wird seiner Freundin bald überdrüssig und braucht eine neue Beziehung. Wer nur Spaß und sexuelle Erfüllung sucht, hüpft von einer Gespielin zur nächsten. Genauso war das bei mir. Mehr dazu im nächsten Kapitel.

10 BEZIEHUNGEN – Gott so: Die wäre doch was für dich?

Meine Freunde und ich waren in einer Diskothek in Paderborn unterwegs. Die Bässe wummerten, das Partyvolk war aufgebrezelt, bereit zum Aufreißen oder um flachgelegt zu werden. Im Gang zwischen Garderobe und Toilette begegnete ich einem Mädel, das ich von früher kannte. Ihren Namen hatte ich vergessen. Es waren einfach zu viele Namen unzähliger anderer Frauen, Bekanntschaften, Dates und Partygirls, die in meinem Gehirn um ein Bleiberecht kämpften. Genau genommen hatte ich wahrscheinlich schon sechs Wochen, nachdem wir zusammen im Bett lagen, ihren Namen vergessen. Nein, wir lagen wirklich nur im Bett, kein Sex. Dazu war es zu meinem damaligen Bedauern nicht gekommen.

Wir hatten uns ein paar Wochen gedatet und irgendwie hatte sie sich in mich verliebt. Ich war auf Sex aus und als wir relativ romantisch, so romantisch wie es in einer Low-Budget-Studentenwohnung eben sein kann, bei mir knutschend im Bett lagen, offenbarte sie mir, dass sie mit 25 (also zwei Jahre später) verheiratet sein und Kinder haben wollte. Ich dachte mir: »Na toll, mit mir aber sicher nicht!« Ich testete an, ob es denn vielleicht für ein bisschen Sex reichen würde, und holte nur so zum Scherz meine »Spezialunterwäsche« raus. Sie drehte total ab und meinte, dass String-Tangas ja wohl nur etwas für Frauenhintern seien. Sie benahm sich aus meiner damaligen Einschätzung total kindisch, hielt sich die Hand vor die Augen und war total irritiert.

Mir wurde bewusst, dass das mit dem Sex wohl so schnell nix werden würde. Aber auf ein Mädel, um das ich erst noch wochenlang werben musste, hatte ich keinen Bock. Am besten sollte ich noch bei den Eltern und dem Dorfpfarrer vorstellig werden, bevor ich dann möglicherweise, vielleicht aber auch nicht, meinen Spaß bekäme. Nein, danke.

Ich schrieb ihr am nächsten Tag eine kurze SMS: »Ich glaube, es wäre besser, wenn wir uns nicht mehr sehen.«

Stattdessen machte ich ein Date mit einer alten Freundin aus, bei der die Chancen auf Sex besser standen. Diese dämlichen Allüren hatten wir längst hinter uns. Natürlich gab sich das Mädel mit meiner SMS nicht zufrieden. Sie wollte, dass ich zu ihr komme, um ihr alles zu erklären. Ich fühlte mich etwas schlecht, ignorierte die Nachricht aber letztendlich. Sollte, ja, konnte ich so jemandem die Wahrheit sagen?

Du bist nicht willig, du zierst dich bei sexy Männerunterwäsche, du willst in zwei Jahren verheiratet sein und Kinder haben. Als ob ich jemanden mit so einem prallen Hintern heiraten würde. Was glaubst du denn, in welcher Position du dich mir gegenüber befindest? Ich will einfach nur stressfreien Sex, und wenn du das nicht kannst oder willst, dann such mal weiter nach dem Prinzen, der dir deinen Traum vom Leben möglich macht, der so gut aussieht wie ich und jemanden wie dich nimmt, ohne dann nach einem halben Jahr fremdzugehen.

Ja, so habe ich wirklich gedacht.

Nun, zwei oder drei Jahre später – angetrunken und in Feierlaune – gefiel sie mir vom Gesicht her noch immer, aber der Hintern war in der Zwischenzeit nicht schmaler geworden. Sie sah ziemlich niedergeschlagen aus, freudlos und woher das zusätzliche Hüftgold gekommen war, konnte ich mir schon denken: Frustessen, sich gehen lassen, keinen Partner haben, nicht attraktiv sein wollen oder können für andere Männer. Ich glaubte in dieser Zeit, ein sehr ausgeprägtes Gespür dafür zu haben, in welcher Lebenslage sich eine Frau befand.

»Na ja«, dachte ich mir, »vielleicht hat sie ihre Einstellung inzwischen ja über Bord geworfen und wäre jetzt in ihrer Verzweiflung für eine schnelle Nummer zu haben.«

Ich machte eine nette, grüßende Geste und sagte irgendwas halbwegs Freundliches wie »Hallo, schön dich zu sehen, wie geht es dir?«

Sie sah mich, erkannte mich, drehte sich weg und ging an mir vorbei. Sie hatte drei Mädels im Schlepptau. Eine davon blieb bei mir stehen. Sie sah ganz hübsch aus, vielleicht ging da was.

Ich fragte: »Bist du eine Freundin von ...« (schnell den nächstbesten, im Optimalfall passenden Namen aus der letzten Ecke des Gedächtnisses gekramt:) »... Melanie?«

Sie sah mich böse an und ihre rechte Hand traf mit einem lauten Klatschen meine Wange. »Du Schwein!«, kreischte sie und ging weiter. Weitere hasserfüllte Blicke der beiden anderen Freundinnen trafen mich und ich sah, wie Melanie (?) heulend auf die Toilette ging, ihre Freundinnen hinterher.

Was geht? Zwei oder drei Jahre später! Ein Mädel, das ich nicht kenne, erkennt mich als »diesen Typen, der meiner besten Freundin das Herz gebrochen hat«. Sie selbst wird schon bei meinem Anblick verletzt, wie kann das gehen? Sollte ich recht haben, dass sie die ganze Zeit keinen anderen Typen gefunden hatte, dass sie mittlerweile über 25 Jahre alt war, eben nicht verheiratet, keinen Mann, kein Familienglück, keine Kinder in Sicht? Dass es sie einfach nicht losgelassen hat, dass ich ihr nicht gesagt habe, woran es gelegen hat, dass sie sich ständig mit Fragen gelöchert hat, auf die nur ich eine Antwort hätte geben können, dies aber nicht tat? Dass diese Verletzung dazu geführt hat, dass sie bei weiteren männlichen Bekannten noch vorsichtiger geworden ist, was die Kerle natürlich noch mehr abgeschreckt hat, dass sie ihren zerplatzten Lebenstraum und das zerronnene Lebensglück in meinen Verantwortungsbereich geschoben hat? War es möglich, durch eine wenige Wochen dauernde Dating-Beziehung mit ein bisschen Geknutsche ein gesamtes Leben zu ruinieren, während der andere völlig unbeschadet davonkam?

Ich lachte. Innerlich. Ich lachte sie aus. Wie blöd muss eine Frau sein, dass sie auf solch eine Abfuhr über mehrere Jahre hinweg nicht klarkommt? Meine Güte, an guten Abenden bekam ich zwei oder drei noch viel krassere Abfuhren. Die sollte erst mal checken, wie andere Frauen mit mir umgehen und mich verarschen. Was hatte sie von ihrem Getue? Jetzt war sie immer noch ohne Mann, frustriert und mit der verschlechterten Optik, dem depressiven Gesichtsausdruck und den mittlerweile über 25 Jahren zu einem aussichtslosen Fall geworden. Hätte sie sich doch damals nicht so blöd angestellt, dann hätte sie jetzt wenigstens die Erfahrung, wie es sich anfühlt, richtig guten Sex zu haben. So hatte sie gar nix. Erbärmlich!

Ich ging zurück auf die Tanzfläche und sah zu, dass ich was in die Hände bekam, möglichst jung, attraktiv, und sexy. Vielleicht sähe sie mich ja noch mal an diesem Abend, dann sollte sie sehen, in welcher Position ich mich befand. Ihre Probleme sollten mir jedenfalls nicht die Laune verderben.

> WAR ES MÖGLICH, DURCH EINE WENIGE WOCHEN DAUERNDE DATING-BEZIEHUNG MIT EIN BISSCHEN GEKNUTSCHE EIN GESAMTES LEBEN ZU RUINIEREN?

Verletzte Menschen verletzen Menschen

Natürlich bin ich nicht stolz darauf, was ich damals getan habe und wie ich damals dachte. Ich zog meinen Selbstwert daraus, Mädels zu bekommen. Ich war auf der Suche nach kurzfristigem Spaß und Bestätigung meiner Männlichkeit. Und dabei habe ich schwer gesündigt.

Natürlich geht nicht jeder so mit anderen Menschen um, das weiß ich. Man muss kein Christ sein, um sein Gegenüber halbwegs vernünftig zu behandeln. Aber irgendwelche Idioten wie mich gibt es immer. Wir verletzen uns gegenseitig und wer nur oft genug verletzt wird, wird früher oder später andere verletzen. Das ist im wahrsten Sinne des Wortes ein Teufelskreis. Christen sind nicht zwangsläufig bessere Menschen, aber sie haben immerhin eine Chance, den Kreislauf zu durchbrechen. Sie können um Vergebung bitten und sich gegenseitig vergeben. Jesus ist für sie gestorben und hat die Macht des Teufels(kreislaufs) besiegt. Er kann selbst die krassesten Verletzungen wieder heil machen. Und dann können Menschen noch einmal neu anfangen und die Chance steht nicht schlecht, dass sie beim nächsten Mal nicht ganz so schnell andere verletzen.

Ich wünschte, ich könnte der Frau aus der Diskothek genau das sagen und sie um Vergebung bitten. Wahrscheinlich bin ich der Falsche für diese Botschaft. Aber wenn sie sie annehmen könnte, wäre das die beste Grundlage für eine gesunde Beziehung zu einem anderen Mann. Ihr Partner müsste kein Traumprinz sein. Es ginge weniger darum, denjenigen zu finden, der sie endlich, endlich glücklich macht, sondern mehr darum, jemanden zu finden, von dem auch Gott sagt: Der passt zu dir.

Diese Geschichte mit dieser Frau war nicht die einzige, die ich erlebte. Meine Einstellung zu Frauen und Sex änderte sich erst, als ich Jesus kennenlernte. Nach meiner Bekehrung nahm ich weiterhin an einem Tanzkurs teil. Aber auf einmal war alles anders. Diese Art von Körperkontakt war nicht gesund. Ich hatte jetzt keinen Sex mehr und merkte, welch schier unkontrollierbare erotisierende Wirkung von so einem Tänzchen ausging, das war mir früher überhaupt nicht aufgefallen. Sehr schnell war für mich klar, dass ich das Tanzen vorerst aufgeben musste. Eines Tages würde ich eine Frau haben, mit der ich dann bis ans Lebensende tanzen könnte.

Ein paar Monate später war ich auf einer Hochzeit eingeladen – und zwar als Begleitung einer jungen Frau, die ich in den Wochen zuvor etwas besser kennengelernt hatte. Sie war wirklich nett, ich mochte sie und sie sah sehr gut aus. Es war eine sehr schöne Hochzeit, wir lachten viel und amüsierten uns gut. Es waren auch einige andere Christen aus der Gemeinde da und ich fühlte mich sehr wohl in dieser Gesellschaft. Im Vergleich zu manch anderer Hochzeit, auf der ich zuvor eingeladen war, hatte ich überproportional viel Spaß.

Im Verlauf des Abends wurde auch getanzt und nach vielen Jahren Tanzkurs war ich genau in meinem Element. Wenn sich die Tanzpartnerin führen lässt, ist das die halbe Miete und ein Paar kann ziemlich schnell gut harmonieren. Und deswegen lief es prächtig auf der Tanzfläche – bis es zwischen uns zu Knistern begann. Ich erinnerte mich an meine letzte Tanzpartnerin und mich überkam wieder so ein erotisierendes Gefühl. Ich merkte, dass ich die Kontrolle verlor. Wenn ich nicht sofort reagierte, würde ich möglicherweise irgendeine Dummheit anstellen, die mir hinterher schwer leidtun würde.

Ich war noch nicht bereit für eine Beziehung. Ich musste sie und mich schützen. Ich versuchte, die Situation so elegant wie möglich zu umschiffen. Glücklicherweise blieb niemand verletzt zurück, wie sooft in der Vergangenheit. Ein paar Jahre später fand sie ihren Traummann und ist nun glücklich verheiratet und strahlt mit ihren Kindern um die Wette. Bis heute bin ich sehr froh, dass ich damals keine böse Wunde in ihr Leben gerissen habe.

Die Liebe meines Lebens

Im Sommer nach meiner Bekehrung lud mich mein Bruder ein, ihn und seine Familie für eine Woche zu einer Bibelschule zu begleiten. Was war bitte schön eine Bibelschule? Ich schaute mir die Webseite der Bibelschule Bad Gandersheim an und entschloss mich, mitzukommen. Später stellte ich fest, dass mein Bruder seiner Absicht leider keine Taten hatte folgen lassen, also fuhr ich alleine. Das war aber kein Problem, ich hatte ein Bett in einem Mehrbettzimmer gebucht und würde dort mit drei möglicherweise auch begeisterten Christen zusammenwohnen. Es amüsierte mich, dass ich mich tatsächlich in mein Auto setzte und losfuhr – wer hätte gedacht, dass der durchgeknallte Nathanael jemals seinen Urlaub in einer Bibelschule verbringen würde?

Ich genoss die Fahrt in meinem Cabrio. Langsam rollte ich das letzte Stück auf das Gelände. Da war eine moderne Halle und dahinter ein Gebäude, das mindestens hundert Jahre alt. Das Gelände sah einer Kaserne ähnlich und als ich die Tore passierte, kam Gottes Gegenwart über mich. Oder besser gesagt: Ich spürte Gottes Nähe unglaublich intensiv. Ein überwältigendes Gefühl. Was für ein Privileg war es, hier eine Woche verbringen zu dürfen.

Die Bibelschule startete erst Montagvormittag und so war der Sonntagabend frei. Nachdem ich mein Zimmer zugewiesen bekommen und meine Mitbewohner kennengelernt hatte, erkundete ich das Gelände. Hinter dem Hauptgebäude gab es eine große Wiese mit einem Spielplatz und einem Beachvolleyballplatz. Einige junge Leute saßen herum und ich setzte mich dazu. Es war sehr erstaunlich zu hören, dass es noch andere Menschen gab, die Gott ähnlich erlebt hatten wie ich. Am erstaunlichsten war jedoch, dass es offensichtlich kein Muster gab. Jeder hatte seine eigene Geschichte, in der ich Gottes persönliche Zuwendung und individuelles Handeln erkannte. Was ist das für ein Gott, der sich die Mühe macht, jedem Menschen nach der persönlichen Situation zu begegnen?

Hier an der Bibelschule traf ich dieses junge, dynamische, lebendige, hübsche und freundliche Mädel, das ich später einmal heiraten sollte: Yuliya. Yuliya hatte das gesamte vergangene Schuljahr hier verbracht und würde ein weiteres Schuljahr bleiben. Was für ein Geschenk, mehrere Jahre hier lernen zu dürfen. Ich lud sie auf ein Eis ein, um ungestört mit ihr reden zu können. Wir gingen in das Café der Bibelschule und ich stellte fest, dass ich mein Portemonnaie im Zimmer gelassen hatte.

Es drohte peinlich zu werden, aber sie sagte spontan und gelassen: »Kein Problem, dann lade ich dich ein.«

Ich hatte keine Ahnung, dass diese Frau von dreißig Euro im Monat lebte. Noch weniger ahnte ich, dass sie etwa zwei Jahre später mit mir vor dem Traualtar stehe würde.

———

Die eine Woche Bibelschule war sehr gut für mich. Ich erlebte Gott und vor allem seine Gegenwart im Lobpreis war sensationell. In einer Veranstaltung roch ich auf einmal einen sehr merkwürdigen Gestank – es roch nach Verwesung. Während ich noch überlegte, wo der Gestank wohl herkommen könnte, sprach Gott zu mir. Es war kein natürlicher Gestank, sondern er war übernatürlich. Gott erklärte mir, was er zu bedeuten hatte, und mein Herz schlug schneller. Bei der nächsten Gelegenheit ging ich nach vorne zum Leiter der Bibelschule und teilte ihm meinen Eindruck mit.

Er sagte: »Gut, dann gib das mal weiter«, und drückte mir das Mikrofon in die Hand.

Ich erklärte, was ich gerochen hatte, und deutete sogleich, was dieser prophetische Geruch für einige hier bedeuten würde. Leider kann ich mich inzwischen nicht mehr genau daran erinnern. Aber Gottes Gegenwart füllte den Raum und Menschen reagierten auf das, was ich gesagt hatte. Ist das nicht schier unglaublich? Noch drei Monate vorher steckte ich mitten in der tiefsten Finsternis und wollte von Gott und der Bibel nichts wissen. Und jetzt vertraute mir der Gott dieser Bibel Botschaften für seine Gemeinde an.

Ich schwankte zwischen »Wer bin ich denn schon?« und »Gib mir mehr davon!«. Ich hatte zwar leichte Zweifel, wollte aber definitiv mehr. Ich wollte einfach alles mitnehmen, was Gott für mich vorbereitet hatte. Noch in dieser Bibel-schulwoche erlebte ich, wie mir der Heilige Geist Bilder und Worte der Erkenntnis gab. Meine Sensibilität für die geistliche Welt wurde gesteigert, ich konnte sogar spüren, wenn sich Gott jemand anderem offenbarte, obwohl ich selbst keine konkreten Bilder, Worte oder Gerüche empfing. Für einen aufgeklärten Westeuropäer waren das ziemlich spannende Dinge, die sich hier auftaten. Ich bewegte mich plötzlich in einer Welt, die mir 30 Jahre lang verschlossen geblieben war. Es war eine Welt, die nach meinem Verständnis niemals hätte existieren können.

> ICH LERNTE ZU SPÜREN, WENN SICH GOTT JEMAND ANDEREM OFFENBARTE, OBWOHL ICH SELBST NICHTS KONKRETES EMPFING. FÜR EINEN AUFGEKLÄRTEN WESTEUROPÄER WAREN DAS ZIEMLICH SPANNENDE DINGE.

Der Tag, der mein Leben veränderte

Durch mehrmalige Besuche der Bibelschule hatte ich auch Gelegenheiten, dieses tolle Mädchen, das mich gleich zu Beginn auf ein Eis eingeladen hatte, wieder zu treffen. Wir unterhielten uns jedes Mal, aber mehr passierte nicht und ich empfand auch keine tieferen Gefühle für sie. Bis an einem Tag im nächsten Frühling der Heilige Geist zu mir sprach: »Schreib ihr einen Brief und lade sie zu dir ein.«

Was bitte? Was war das wieder für eine Aktion? Ich versuchte, einen Sinn in der Sache zu erkennen, scheiterte aber. Welchen Grund sollte ich ihr für die Einladung nennen? Die Worte des Heiligen Geistes? Selbst wenn sie tatsächlich kommen würde, was würden wir unternehmen, worüber sollten wir reden? Ich würde mich doch nur lächerlich machen.

Allerdings hatte ich mittlerweile so viel mit dem Herrn erlebt, dass ich wusste, es lohnt sich, ihm zu vertrauen. Ich entschied, dass sie als reife Bibelschülerin ja sicherlich die Sinnhaftigkeit dieses Briefes prüfen konnte und im Zweifelsfalle dann einfach absagen würde. Es vergingen mehrere Wochen ohne Antwort und ich hatte die Sache für mich abgehakt.

Aber dann trudelte Yuliyas Nachricht ein: »Ich würde dich gerne besuchen kommen.«

Mein Plan war stumpf. Ich würde keine Anmachtechniken anwenden, keine Geschenke verteilen und mich möglichst gefühlsneutral verhalten. Wenn Gott uns tatsächlich verkuppeln wollte, musste er schon selbst aktiv werden. Wir besuchten einen Safaripark. Als wir so über das Gelände spazierten und an einen See kamen, entdeckte Yuliya eine Insel, die man über eine Brücke erreichen konnte. Die Insel sah recht einsam aus und wir gingen über die Brücke, um etwas Lobpreis zu machen. Wir spielten einfach einen Lobpreissong über das Handy ab und sangen mit. Und ab ging die Post. Gottes Gegenwart kam sehr stark, es war ein unglaublicher Moment. Als ich die Augen öffnete, bemerkte ich eine Anzahl von Menschen, die am gegenüberliegenden Ufer, am Rand des Sees stehen geblieben waren, um uns zuzuhören und jetzt applaudierten.

In den folgenden Wochen schrieben wir uns fleißig Nachrichten und E-Mails. Wir stellten fest, dass wir uns beide bei Reinhard Bonnke bekehrt hatten, eine ähnlich starke Begegnung mit Jesus erlebt hatten und über viele Dinge gleich dachten, obwohl wir charakterlich total unterschiedlich waren. Bei einem Spaziergang weckten wir einen Igel von den Toten auf. Hier schien einiges zusammenzupassen. Ich wollte keine halben Sachen machen, also fragte ich sie ein paar Wochen später, ob sie meine Freundin sein möchte. Sie wollte, ich ließ noch etwas Zeit verstreichen und machte ihr dann einen Heiratsantrag, indem ich Bodo Wartkes »Claudia« in »Yuliya« umdichtete. Unter dem Einfluss von einhundert Rosen, Kerzenlicht, offenem Kaminfeuer und meiner pianistischen Überraschung gab sie mir das Jawort.

Der Tag, der (schon wieder) mein Leben veränderte

Ich kann mich noch genau daran erinnern, als meine Frau zu mir kam und mir ein Ultraschallbild zeigte: »Ich bin schwanger.«

Mir verschlug es die Sprache und ich schaute sehr sparsam drein, denn mir gingen sofort allerhand Gedanken durch den Kopf. Wie sollten wir das Kind erziehen, wie konnten wir dafür sorgen, dass es gesund aufwuchs, wie konnte ich ein guter Vater sein, was bedeutet diese neue Verantwortung?

»Freust du dich denn gar nicht?«, fragte Yuliya.

»Doch, schon ... super, ist wirklich toll, ich freue mich!« Doch so richtig freuen konnte ich mich gar nicht, denn meine Sorgen waren größer.

Einige Monate danach weckte mich meine Frau: »Die Fruchtblase ist geplatzt!«

Etwa zwölf Stunden später kam er zur Welt: klein, gesund und mein Sohn. Ich war Vater geworden. Wahnsinn. Das veränderte alles! Insbesondere in den ersten zwei Jahren durchlief ich eine göttliche Schule zum Thema Vaterherz. Ich liebte meinen Sohn. Ich liebte ihn, egal was er tat. Gut, tatsächlich tat er die meiste Zeit ja nichts, aber ich liebte ihn. Er brauchte nur zu schlafen, ich schaute ihn an, und liebte ihn. Auf einmal verstand ich, was es bedeutet, wenn Gott uns wie sein Kind liebt. Einen Diener liebt man, wenn er gehorcht, fleißig ist und gute Leistung bringt. Einen Sohn liebt man einfach nur, weil er eben der eigene Sohn ist – unabhängig von Leistung.

Neulich erzählte mir jemand einen Witz: Es gibt Menschen, die liebt man. Außerdem gibt es Menschen, die liebt man in Christus. Und dann gibt es noch Menschen, die liebt nur Christus.

Niemals würde ich meinem Sohn etwas Böses tun, ihm Leid zufügen oder es zulassen, dass er vor ein Auto rennt. Ich würde jeden Angreifer bis aufs Blut in die Flucht schlagen und meinen Sohn verteidigen. Ich würde nicht schweigen, wenn er mich ruft, und zu jeder Tages- und Nachtzeit für ihn da sein.

»Gott, bist du so zu mir?«, fragte ich ihn.

Die Antwort kam sofort: Seine Gegenwart erfüllte mich und der Heilige Geist offenbarte mir, dass es tatsächlich genauso ist.

Ich kümmerte mich um meinen Sohn, so gut ich nur konnte. Immer war ich für ihn da, sorgte dafür, dass er angeschnallt oder passend angezogen war, dass er einen guten Platz zum Schlafen hatte und genug zu Essen bekam.

Immer, wenn ich mir meiner Liebe für meinen Sohn bewusst wurde, fragte ich Gott: »Liebst du mich genauso?«

Und immer kam die Antwort: »Ich liebe dich genauso und noch viel mehr.« Das war gewaltig.

Diese ersten zwei Jahre im Leben meines Sohnes prägten mein Gottesbild sehr nachhaltig. Gott ist gut. Er tut nur Gutes. Er will, dass es mir gut geht. Er will, dass ich gesegnet bin. Er will, dass ich gesund bin.

Erziehung mit Liebe und Vision

Meine Frau und ich wussten eines: Gott hat auch für die Kinder-
erziehung einen Plan, eine Strategie, und wenn wir die kennen
würden, würden wir viele Probleme, die normalerweise auftreten,
möglicherweise nicht haben. Wir besuchten eine christliche Konferenz mit Danny Silk. Dort stellte er uns seinen Dienst vor, bei dem
er in kaputte Familien geholt wird und innerhalb kurzer Zeit eine
Wende bringt, sodass die ganze Familie danach wie ausgewechselt
ist. Dahinter steckte ein für mich revolutionäres Erziehungskonzept, das meine Frau und ich bis heute bei unseren inzwischen
zwei Kindern anwenden.

Danny Silk nennt sein Konzept »Erziehung mit Liebe und
Vision«. Er geht davon aus, dass schon kleine Kinder einen Willen
haben und Entscheidungen treffen können. Ziel ist es nicht, wil-
lenlose Lemminge hervorzubringen, sondern
starke Persönlichkeiten. Kinder sind seiner
Meinung auch dann gehorsam, wenn sie Vertrauen und Respekt haben und nicht nur
dann, wenn sie sich ausgeliefert fühlen.

ZIEL IST ES, KINDER ZU STARKEN PERSÖNLICH-KEITEN ZU ERZIEHEN.

Als wir einmal bei meinem Bruder zu
Besuch waren, spielte ich mit meinen Nichten im Kinderzim-
mer. Wir waren schwer beschäftigt, da rief mein Bruder plötzlich:
»Räumt auf und kommt runter, das Essen ist fertig.«

Das kam genau zur falschen Zeit. Aufräumen? Keine Lust! Die
anderen Kinder liefen weg, eine meiner Nichten und ich blieben
im Chaos zurück. Was sollte ich jetzt tun? Würden wir nicht aufräumen und runter zum Essen gehen, würde mein Bruder das
Chaos bemerken und schimpfen. Das Aufräumen selbst würde
dann – wenn überhaupt – nur unter lautstarkem Protest der Kinder erfolgen. Oder sollte ich alleine aufräumen? Nee.

Ich entschied mich für den Dialog und fragte meine Nichte: »Möchtest du jetzt mit mir gemeinsam aufräumen oder später alleine?«

Sie schaute mich entsetzt an. Ihr Gehirn arbeitete, als hätte sie noch nie eine derartige Entscheidung treffen müssen.

Etwa eine Minute später sagte sie: »Ich möchte, dass wir zusammen aufräumen. Jetzt.«

Ich tanzte vor Glück. Konnte es wirklich so einfach sein, Kindern eine Vision zu geben, weil sie ihren Anteil selbst sehen und frei entscheiden können?

Mein Sohn war etwa ein Jahr alt, als wir anfingen, dieses Erziehungskonzept durchzuziehen. Er konnte zwar noch nicht reden, aber verstehen. Ich erinnere mich noch genau an eine Situation, die ich als Schlüsselmoment wahrgenommen hatte:

Wir saßen am Tisch und mein Sohn verlangte nach mehr, obwohl sein Teller noch halb voll war. Also sagte ich: »Du kannst mehr haben, wenn du aufgegessen hast.«

Doch er wollte jetzt sofort mehr. Er fing an zu brüllen und ich wiederholte meine Ansage. Eskalation. Er wollte wissen, ob ich es ernst meinte oder ob ich vielleicht auch anfange, zu schreien. Also führte ich eine Regel ein: Wer schreien möchte, darf das gerne tun – allerdings nicht am Tisch, sondern im Flur. Nach der zweiten Ermahnung nahm ich ihn und setzte ihn in den Flur. Das Gebrüll war unerträglich.

»Hier ist der Ort, an dem du schreien darfst. Wenn du fertig damit bist, kannst du gerne wieder zurückkommen.«

Ich unterdrückte meine Emotionen, so gut es ging. Mann, war das hart.

Nach wenigen Sekunden hörte das Geschrei auf, ich öffnete die Tür und nahm meinen Sohn auf den Arm: »Super, möchtest du jetzt wieder mit uns am Tisch sitzen?« Er nickte. Am Tisch erklärte ich noch einmal: »Wenn du das aufgegessen hast, kannst du mehr bekommen.« Er aß auf und bekam mehr.

Und inwiefern geht es jetzt hier nicht um erzwungenen Gehorsam? Es gibt einen kleinen, entscheidenden Unterschied. Ich kann entweder die Regel festlegen, dass am Tisch nicht geschrien wird, und wer gegen diese Regel verstößt, muss zur Strafe auf den Flur. Oder ich lege genau die gleiche Regel fest, nur ohne Strafe. Ich sage meinem Kind, dass es zwar schreien darf, dies aber woanders tun muss. Entweder im Flur schreien oder still am Tisch sitzen. Das Kind hat die Wahl. Verstößt ein Kind gegen enge Grenzen und wird dafür bestraft, sobald es diese übertritt, ist es ein böses, ungezogenes Kind. Zumindest fühlt sich das Kind so. Und genau das wird vermieden, wenn es die Möglichkeit der freien Entscheidung gibt. Die Strafe ist dann nicht mehr wirklich eine Strafe, sondern einfach nur eine Konsequenz. Und das Kind ist einfach nur ein Kind und nicht besonders ungezogen oder gar böse.

Wenn wir unsere Kinder so erziehen, bringen wir ihnen von Anfang an bei, in der Freiheit Gottes zu leben. Im Alten Testament, oder genauer gesagt, im Bund des Alten Testaments, den Gott mit dem Volk Israel schloss, ging es um Gebote und Gehorsam. Und Gott konnte richtig wütend werden, wenn sein Volk seine Gebote nicht befolgte. Das entspricht ungefähr dem Erziehungsstil, wie ich ihn aus meiner eigenen Kindheit kenne und wie ich ihn bei vielen Familien beobachte. Das Kind soll sich gefälligst an die Regeln halten, die die Eltern aufstellen. Dann ist alles gut. Aber wehe, wenn nicht.

Aber wir leben heute nicht mehr in diesem Bund. Jesus ist für unsere Sünden gestorben, wir leben in einem neuen Bund.

Es steht allen Menschen frei, sich für oder gegen Gott zu entscheiden. Selbst krasseste Sünden sind ausgelöscht, für immer vergessen, wenn wir den Opfertod Jesu für uns annehmen. Wir haben eine enorme Freiheit – die aber auch eine Verantwortung mit sich bringt, denn wir müssen die Konsequenzen unserer Entscheidungen tragen

—

Diese Erlebnisse zeigten uns, dass wir auf dem richtigen Weg waren. Ich war super glücklich. Wir würden unseren Kindern Schritt für Schritt altersgerecht die Verantwortung für ihr Leben in die eigenen Hände geben. Meine Kinder sind nicht dressiert und gehorsam aus Angst, sondern besitzen starke Persönlichkeiten. Das heißt, sie gehorchen uns nicht immer sofort aufs Wort, sondern vertreten auch mal ihren eigenen Standpunkt. Im Zweifel entscheiden sie sich aber dazu, das zu tun, was wir von ihnen wollen, weil sie es selbst auch wollen und uns vertrauen. Nicht, weil wir sie durch die Androhung von Strafe dazu zwingen.

Genauso ist es auch bei Gott. Wenn wir als Christen seine Gebote befolgen, sollte es nicht darum gehen, Strafen zu vermeiden. Gott bestraft uns nicht mehr. Wir befolgen seine Gebote, weil wir es wollen. Weil wir erkannt haben, dass sie gut für uns sind. Wir tragen die Verantwortung für unser Leben. Gott hat uns alles gegeben, was wir brauchen, um gute Entscheidungen zu treffen.

Ein Leben in Gemeinschaft

Obwohl Yuliya und ich füreinander geschaffen sind, durchlebten wir – und durchleben sie immer wieder – Stürme der zwischenmenschlichen Entgleisungen. Wir sind noch lange nicht am Ende unserer Geschichte angelangt. Und damit wir uns unsere Geschichte nicht selbst kaputt machen, müssen wir uns nach einem Streit ordentlich versöhnen und jeder seine Fehler einsehen. Gott arbeitet ja noch an uns. Natürlich sind wir nicht perfekt. Während ich aber am Anfang unserer Beziehung noch dachte, dass ich ganz viel beten müsste und meine Frau ihre Fehler nur durch Gottes Hilfe würde loswerden können, habe ich nach sieben Jahren Ehe erkannt, dass eine gelungene Beziehung vor allem eines braucht: Das Verständnis, dass sich der Partner in dem einen oder anderen Punkt möglicherweise niemals verändern wird – und dass es stattdessen ich selbst bin, der sich verändern sollte.

Wer das nicht versteht, steht vor großen Problemen. Er wird sich immer wieder über seinen Partner ärgern, es wird zu Streit kommen und er wird frustriert sein, weil er bei diesem Partner und in

DER PARTNER WIRD SICH IN MANCHEN PUNKTEN WOMÖGLICH NICHT ÄNDERN – ICH SELBST SOLLTE ES.

dieser Ehe ja wohl kaum jemals wird glücklich werden können. Er lässt die Ehe scheitern und flieht dann zum nächsten Partner mit der großen Hoffnung, dass mit diesem Traumpartner, der scheinbar keinerlei Fehler hat, jetzt alles besser wird. Bling, bling, Glitzerstaub und rosa Wolken. Nun, ich würde sagen, wer so denkt, kann sich direkt auf die nächste Trennung vorbereiten.

Ich habe schon von mehreren Menschen gehört, dass sie es als absolute Pflicht Gottes ansehen, ihnen einen ordentlichen Ehepartner zu verschaffen. Geschichten, wie ich sie gerade erzählt habe, bestätigen sie in diesem Gedanken. Wenn Gott schon so einem reichen Schnösel wie dem Nathanael eine tolle Ehefrau schenken kann, wo er doch so schon so gesegnet ist, kann er doch mir erst die Liebe meines Lebens zeigen. Im Übrigen muss dieser dann natürlich auch all die Jahre von Gott so manipuliert werden, dass er immer nur das Beste für mich macht.

Allerdings habe ich gar nicht das Recht, mich lustig zu machen. Ich glaubte das nämlich auch und betete wie ein Bekloppter zu Gott. Erst sollte er mir eine Partnerin schenken, und als er das getan hatte, sollte er sie gefälligst nach meinen Wünschen verändern. Dummerweise schien dieser allmächtige Gott tatsächlich Probleme damit zu haben, den Charakter eines Menschen gegen dessen Willen zu verändern. Trotz täglicher Gebete des Ehepartners! Ich musste auf die harte Tour lernen, dass man sich besser mal einen Tritt in den Hintern gibt und sein Gebetskämmerchen verlässt. Wer seine Ehe verbessern will, sollte sich Kommunikationstechniken aneignen, mit denen er angst- und verletzungsfrei Probleme ansprechen kann. Dann können beide gemeinsam an Lösungen arbeiten, zu denen es nicht selten gehört, sich erst mal selbst von Gott verändern zu lassen.

Ja, Gott hat mir damals geholfen, Yuliya kennenzulernen. Ja, wir passen sehr gut zueinander, denken in vielen Dingen gleich und so viele Menschen bezeugen uns, was für ein tolles Paar wir doch sind. Sie ist eine ganz tolle Frau und ich liebe sie. Wenn ich jedoch meiner Verantwortung als Ehemann nicht nachkomme und etwas in meine Ehe investiere, wenn ich mich stattdessen hinter frommen Gebeten verstecke, dann wird es sehr schlecht um die Beziehung bestellt sein.

Im Endeffekt kann ich auch hier nichts anderes sagen, als was ich das ganze Buch über schreibe: Es ist Gnade, dass Gott uns einander geschenkt hat. Wir haben das nicht verdient und nichts getan, womit wir uns unsere Ehe verdient hätten. Und mit dieser Beziehung müssen wir nun verantwortungsvoll umgehen, genau wie mit allen anderen Dingen, die uns Gott schenkt.

Ich glaube, dass Gott uns für ein Leben in Beziehungen geschaffen hat. Aber nicht nur in Beziehungen zu einzelnen Menschen oder unserer Familie, sondern zu einem Leben in Gottes großer, weltumfassender Familie. Zu einem Leben in Gemeinschaft.

11 GEMEINSCHAFT –
Gott, was kommt als Nächstes?
In welche Gemeinde soll ich gehen?

Wenn wir Jesus nachfolgen, sind wir ein Teil von Gottes großer Familie. Er adoptiert uns, nimmt uns als seine Kinder an und ab dem Zeitpunkt unserer Bekehrung haben wir plötzlich Millionen Geschwister auf der ganzen Welt. Das Leben in so einer großen Familie ist nicht ganz leicht. All die verschiedenen Kulturen, Ansichten, Erfahrungen. Paulus sagt uns, wie wichtig es ist, andere Christen zu achten und in Liebe und Frieden mit ihnen zu leben. Die große, weltweite Gemeinde Jesu ist in viele kleine Kirchen und Ortsgemeinden aufgeteilt und jeder Christ hat irgendwo seinen Platz. Doch ist es gar nicht so einfach, diesen Platz auch zu finden.

Bei meiner ersten Gemeinde war das allerdings klar. Ich war auf dem Missionsfest, stand vorne im Altarraum, das Gesicht noch tränennass, hatte mein Leben soeben hochoffiziell Jesus gegeben und fragte: »Gott, was kommt als Nächstes, in welche Gemeinde soll ich gehen?«

In meinem Augenwinkel sah ich eine junge Frau aufstehen und auf die Bühne kommen. Der Heilige Geist war gegenwärtig, ich dachte mir noch: »Die kommt doch wohl nicht zu mir«, während sie sich ihren Weg durch die Menschen langsam, aber beständig bahnte, um mich dann anzusprechen: »Wo kommst du her, sollen wir dich zu einer Gemeinde in deiner Nähe vermitteln?«

»Nein danke, das wird nicht notwendig sein, ich weiß wo ich hingehöre.«

Sie ging weiter über die Bühne in den linken Sitzblock, ohne mit jemand anderem zu reden, und setzte sich in die zweite Reihe hin. Es war doch so klar: Ich würde dahin gehen, wo Gott mich das erste Mal berührt hatte, an den Ort, an dem der Heilige Geist jeden Sonntag durch die Reihen geht, an den Ort, wo Gott erlebbar ist, wo Menschen wie ich sind, die ein brennendes Herz für Jesus haben.

Mein neues Gemeindeleben

Das Leben in meiner ersten Gemeinde war vollkommen neu für mich. Aus meiner Kindheit kannte ich das Kirchengebäude; da ging man sonntags zum Gottesdienst hin und dann halt wieder heim. Gott war ich dort nie begegnen. Was ich nach meiner Bekehrung erlebte, war das absolute Kontrastprogramm.

Zunächst einmal hörte das Gemeindeleben nicht gleich nach dem Gottesdienst wieder auf. In der ersten Zeit wurde ich fast jeden Sonntag irgendwohin eingeladen. So lernte ich alle nach und nach kennen und natürlich war es großartig, so herzlich aufgenommen zu werden. Es entstanden gute Beziehungen und Freundschaften. Und auch, wenn meine Familie und ich inzwischen in eine andere Gemeinde gehen, liebe ich die Leute in meiner ersten Gemeinde einfach. Das sind wirklich tolle Menschen und wir gehören zu einer großen Familie.

Eine der Familien, die ich damals kennenlernte, war jedoch etwas ganz Besonderes. Sie waren aus Uruguay nach Deutschland zurückgesiedelt und hatten neben dem Mate-Tee noch die typische südamerikanische Gelassenheit mitgebracht. Es herrschte ein Friede in dieser Familie, wie ich ihn nie zuvor erlebt hatte. Schon beim Betreten des Hauses spürte ich Gottes Gegenwart. Alle waren so nett zueinander. So herzlich. Sie schienen eine Beziehungsebene zu kennen, die mir vollkommen neu war. Ich fragte die Mutter, wie die Pubertät in der Familie abgelaufen war. Bei fünf Kindern musste es doch einiges zu berichten geben, dachte ich mir. So herzlich wie jetzt war das Familienleben damals sicherlich nicht. Aber sie antwortete: »Nö. Pubertät, das hatten wir irgendwie nicht.«

Ihr Haus war stattdessen eine Anlaufstelle für andere Teenager und junge Erwachsene gewesen. Dieses Miteinander, das Teilen, sich Öffnen, füreinander da sein, das Zuhören hatte wohl schon damals eine Sogwirkung gehabt. Für mich ist diese Familie immer noch der Prototyp der christlichen »Kleinfamilie« und irgendwie auch der weltweiten christlichen Großfamilie. Wie krass wäre es, wenn wir alle so miteinander umgehen würden?

IN DER BIBEL STEHT NICHT: AN DER KLEIDUNG WERDEN SIE EUCH ERKENNEN, SONDERN AN DER LIEBE WERDEN SIE EUCH ERKENNEN!

Jemand sagte mir mal: »In der Bibel steht nicht: An der Kleidung werden sie euch erkennen, sondern an der Liebe werden sie euch erkennen!«

Trotz meiner vielen neuen Bekanntschaften hatte ich nun mehr Zeit. Meine alten Freundschaften hatten sich in Luft aufgelöst und wenn man die Party- und Saufeskapaden wegkürzte, blieb mehr Zeit für andere Dinge. Ich hatte viel Zeit, die ich im Gebet und beim Lobpreis mit Gott verbrachte. Ich erlebte Gott nicht nur sonntags in der Kirche, sondern auch abends, wenn ich neben meinem Bett niederkniete. Ich erlebte ihn sogar bei ganz alltäglichen Dingen. Einmal fuhr ich mit Leuten aus der Gemeinde im Auto und wir kamen in einen Stau. Das war ein richtiger Stau mit Vollsperrung und was eben dazugehört. Was tun? Soaking: Jeder betete etwas in Zungen, bis Gottes Gegenwart ins Auto kam. Dann schlossen wir einfach die Augen und genossen seine Gegenwart. Genial, oder?

Spannend wurde es, als der Herr anfing, mich mithilfe von Bildern, Träumen oder Worten in seine Pläne einzuweihen. Am Anfang verstand ich nicht immer, was er von mir wollte. Aber ich speicherte die Bilder in meinem Kopf ab oder schrieb seine Worte auf. Und dann fing es an, sehr spooky zu werden. Im Gottesdienst passierten genau die Dinge, die ich zuvor von Gott gehört oder gesehen hatte. Das war stark. Mir war klar, dass Gott dies nicht zu meiner Belustigung machte, sondern damit ich im Glauben gestärkt würde und den Mut hätte, in seinem Interesse voranzugehen und aktiv zu werden. Und genau das tat ich. Ich gab die Dinge weiter, die Gott mir sagte. Das war manchmal ein Wort oder ein Bild, manchmal ein Traum. Und immer, wenn ich das tat, begegnete Gott nicht nur mir, sondern auch den anderen Menschen.

Zu der Zeit waren Armbänder mit christlichen Botschaften hip. Eine dieser Botschaften lautete: »Gebet bewegt den Arm Gottes«. Das Konzept warf Fragen bei mir auf, denn ich erlebte ja das genaue Gegenteil. So, wie ich das verstand, bewegte Gott seinen Arm von ganz von alleine. Er hatte schon alles vorbereitet und damit die Dinge hier auf der Erde tatsächlich passieren konnten, brauchte es die Brücke des Glaubens. Er suchte jemanden, der stellvertretend seine Hände, Füße und den Mund bewegte und der tatsächlich so verrückt war, zu glauben, dass Gott Menschen berührt, erfüllt, verändert, ermutigt oder heilt. Niemand muss Gott durch Gebet zu irgendwas motivieren. Der hat selber Bock. Und da war ich, wusste gar nicht so recht, was ich tat, aber war einfach gehorsam. Und Gott stand zu mir.

———

Ich habe ja schon in den anderen Kapiteln darüber geschrieben, wie wir einander dienen und helfen können. So hat uns Gott unterschiedlich übernatürlich begabt. Es geht nicht darum, dass einer alles kann und Gottes Partyvolk bespaßt. Nein, wir dienen uns gegenseitig und helfen uns, im Glauben zu reifen und Gottes Plan hier auf Erden auszuführen. Eine Gemeinde ist der perfekte Ort, um das zu lernen und auch, um auszuprobieren, welche übernatürliche Begabung man möglicherweise hat.

Eines der ersten Dinge, die ich ausprobierte, war neben dem Heilungsgebet der Lobpreis. Ich liebte Musik schon immer, war auf einigen Festivals und Konzerten gewesen und spielte auch selbst Instrumente. So wurde ich recht schnell als Saxofonist ins Lobpreis-Team berufen. Und was soll ich sagen? Auch hier erlebte ich wieder, wie Gott kam, uns benutzte, wie sein Heiliger Geist den Raum füllte und wie Himmel und Erde eins wurden. So eine Lobpreiszeit ermöglicht alles: Heilung, Prophetie, Geistestaufe, Bekehrung – ich wurde nahezu süchtig nach diesen Momenten.

Nathanael, kannst du im Jugendgottesdienst Zeugnis geben?

Nach einigen Monaten wurde ich eingeladen, mein Zeugnis in einem Jugendgottesdienst zu erzählen. Ich

> EIN JUNGER MANN GAB SEIN LEBEN JESUS. DAS EINZIGE, WAS ICH TAT, WAR, MICH GOTT ZUR VERFÜGUNG ZU STELLEN.

redete eineinhalb Stunden am Stück. Während der anschließenden Lobpreiszeit ging ich nach hinten, um Fragen zu beantworten, aber das Interesse war nicht sehr groß. Schließlich kam doch ein Jugendlicher zu mir und bat mich, für ihn zu beten, denn er wollte Gott auch so erleben wie ich. Hilfe! Was sollte ich tun?

Ich rief nach der Freundin des Jugendpastors, sie kam dazu und wusste auch nicht genau, was jetzt zu tun war, also betete sie einfach in Sprachen. Na gut, dachte ich mir, mehr Unterstützung bekomme ich jetzt wohl nicht. Dann mach du mal, Gott. Ich fing an zu beten, das Seltsame war aber, dass ich mir selbst beim Reden zuhörte. Gott sprach durch mich. Es war, als ob ich die Kontrolle über mich verloren hatte und neben mir stand. Ich sah mich, Nathanael Draht, wie ich den jungen Mann in ein hinreißendes Übergabegebet anleitete, ihm seine Zukunft prophetisch offenbarte. Mein Arm wurde heiß, Tränen flossen und er fing an, in Sprachen zu beten. Er wurde an diesem Abend im Heiligen Geist getauft und ich begleitete ihn dabei, ohne nur das Geringste selbst dazu beizutragen. Das Einzige, was ich tat, war, mich zur Verfügung zu stellen, als ich merkte, dass niemand anderes, niemand mit mehr Erfahrung oder einem klaren Plan da war.

Sein Leben war nach diesem Abend nicht mehr dasselbe. Er machte ganze Sache mit Gott, besuchte Bibelschulen und nahm an evangelistischen Einsätzen in der Stadt und auch im Ausland teil. Er hatte mehrere Geschwister, in der ganzen Familie gab es einen geistlichen Aufbruch, das Feuer des Heiligen Geistes hatte die Familie ergriffen. Seine eigene Geschichte mit Gott wurde geschrieben und ich bin mir sicher, dass sie nicht weniger spektakulär ist als meine Geschichte.

Gottes Gegenwart im Hauskreis

Nachdem Yuliya und ich geheiratet hatten, meinte unser Pastor, es wäre doch eine gute Sache, einen Hauskreis zu starten. Wir gehorchten und Gott schickte Leute zu uns. Wir aßen gemeinsam, machten Lobpreis und lasen die Bibel, wir beteten füreinander und tauschten unsere Herzensangelegenheiten aus. Es kamen immer wieder neue Leute, manche nur einmal zu Besuch.

Eine Frau schaute fragend drein, als ich davon erzählte, dass man Gottes Gegenwart erleben könne. »Hast du noch nie Gottes Gegenwart erlebt?«, fragte ich.

»Nein.«

»Okay, dann werden wir heute für dich beten!«

Nach einer kurzen Lobpreiszeit legten wir ihr unsere Hände auf und Gott kam. Ich spürte sehr stark, wie der Heilige Geist floss. Sie ging unter der Kraft des Heiligen Geistes zu Boden. Die Atmosphäre im ganzen Raum hatte sich verändert, oh war das ein schöner Abend. Der Frau ging es übrigens prächtig.

Uns war es wichtig, dass wir als Hauskreisleiter nicht im alttestamentlichen Sinne als Priester dem gemeinen Volk dienten, sondern nach dem neutestamentlichen Prinzip: Jeder kann etwas zur Gemeinschaft beitragen. Wir forderten immer wieder alle Teilnehmer heraus, etwas von Gott weiterzugeben und sich benutzen zu lassen. Einmal war ein Ehepaar zu Besuch und wir machten eine prophetische Runde, indem jeder für zwei Minuten auf das hörte, was Gott sagen wollte, dies aufschrieb und dann vorlas. Manche hatten ein Bild, manche ein Lied, eine Bibelstelle oder ein Wort – und diese fügten sich wie Puzzleteile zu einem großen und sinnvollen prophetischen Bild zusammen. Gerade für Gäste, die normalerweise keiner von uns kannte, war das oft ein herausragendes Erlebnis.

ICH HATTE EINEN DEAL MIT JESUS GEMACHT: WIR LESEN BIBEL, ER MACHT DEN REST.

Ich hatte einen Deal mit Jesus gemacht: Ich werde keine Zeit in Vorbereitung stecken. Wir lesen Bibel, du machst den Rest. Der Trick war, dass wir einfach ganz langsam lasen, Vers für Vers und dabei erschlossen sich oft erstaunliche Offenbarungen und die Teilnehmer unseres Hauskreises wurden stark verändert. Noch heute denke ich mit großer Freude an diese Zeit zurück. Es waren im Grunde biblische Zustände, denn so ähnliche trafen sich auch die ersten Christen in den Häusern, teilten miteinander, halfen sich, studierten das Wort, der Heilige Geist kam regelmäßig zu Besuch, Prophetie war normal, genau wie Heilungen oder gar

Totenauferweckung und vieles mehr. Der Dienstagsabend war für mich in dieser Zeit wichtiger als der Sonntagsgottesdienst.

Ein neuer Teilnehmer unseres Hauskreises hatte regelmäßig Probleme mit dem Rücken. Daran änderte sich zunächst nichts, stattdessen veränderte sich sein Charakter. Viele Dinge waren komplett neu für ihn und Woche für Woche konnten wir beobachten, wie alte Glaubensmuster zerbrachen und neue entstanden. Wenn man eine Predigt vor 300 Menschen hält, ist das eine gute Sache. Aber zu einem Menschen regelmäßig zu predigen und live mitzuerleben, wie sein Leben in die von Gott vorbereiteten Bahnen gerät, ist etwas ganz anderes. Dieses Coaching machte mir super viel Spaß.

Nach ein paar Wochen sprach der Heilige Geist während unserer Lobpreiszeit zu mir: »Lege ihm jetzt die Hand auf.«

Ich habe gelernt, in solchen Situationen gehorsam zu sein. Es ist auch sehr einfach, etwas zu tun, wenn der Ausgang vorher schon klar ist. Ich ging zu ihm und fragte, ob ich für seinen Rücken beten dürfe, er bejahte und so legte ich meine Hand auf. Es wurde sehr warm, was meiner Erfahrung nach ein klares Zeichen für übernatürliche, göttliche Heilung ist. Im Hauskreis nannten wir es deswegen auch den »heißen Stuhl«, wenn jemand in die Mitte durfte und sich alle anderen vom Geist Gottes leiten ließen, die Hände auflegten und seine Worte stellvertretend aussprachen.

»Teste mal ob es noch wehtut!«

Er stand auf und bewegte sich, beugte sich und konnte es nicht fassen. Schmerz weg, Bandscheibenvorfall ade.

Da wir uns regelmäßig trafen, fragte ich gelegentlich nach und bekam immer wieder die gleiche Antwort: »Es ist ein Wunder, ich habe keine Probleme mehr.«

———

Ein Hauskreis ist allerdings mehr als »nur« geistliches und geselliges Beisammensein. Es geht darum, sein Leben zu teilen, sich zu helfen und sich gegenseitig zu dienen. Obwohl wir nicht mehr von dieser Welt sind, so sind wir noch in dieser Welt und müssen auch mal umziehen. Wer umzieht, ruft meist seine Freunde an und die helfen dann. Je mehr umso besser.

Eine Freundin fragte an, und wir legten los. Aus einer Garage schafften wir die Sachen auf einen Anhänger, um die dann in die neue Wohnung zu bringen. Dabei fiel eine Küchenplatte um und traf einen Freund an der Wade. Er ließ den Schrank fallen, den er gerade trug und ging zwei Meter weiter, um sich an einem Pfosten festzuhalten. Er biss die Zähne aufeinander, aber an seiner Wade bildete sich eine Blutbeule in der Größe eines Tischtennisballs. In meinem Kopf kam ein Gedanke: Krankenhaus oder Gebet.

Ich rief unüberlegt aus: »Lasst uns beten!«

Niemand reagierte. Mir dämmerte es, dass nun ich als Hauskreisleiter gefragt war. Ich ging also zu ihm hin und bückte mich, um das Grauen genauer anzusehen.

Ich zeigte mit meinem Finger auf den Blutball und rief: »Blut, in Jesu Namen fließe zurück.«

Nichts passierte – außer, dass sich die anderen Helfer im Halbkreis um uns stellten. Na super.

Also noch einmal: »Blut, in Jesu Namen fließe zurück.« – Keine Änderung. Blut noch immer da. Peinlich. Was nun?

Es war wieder einer dieser Alles-oder-nichts-Momente. Also noch einmal, mit voller Autorität, Lautstärke und Überzeugung: »Blut, in Jesu Namen fließe zurück!«

Das Blut zeigte sich mächtig unbeeindruckt, aber der Typ sagte: »Nathanael lass gut sein, der Schmerz ist weg!«

Ja, wie? Wie kann ein Bein mit so einem Bluterguss nicht wehtun? Er krempelte seine Hose runter, hob den Schrank auf und wir arbeiteten weiter. In der neuen Wohnung, welche sich zu allem Überfluss im vierten Stock befand, standen wir zusammen, nachdem die erste Ladung hochgetragen war, und schnauften durch.

»Was ist mit deinem Bein?«, wollte ich wissen.

Er zog seine Hose hoch und das Blut war weg. Keine Blutbeule mehr, nicht einmal ein Bluterguss war noch zu sehen. Einzig ein paar Kratzer auf den obersten Hautschichten zeugten davon, dass hier etwas passiert war. Was war das für eine Freude.

Ein Helfer war nicht gläubig und er brach den Kontakt zu uns nach diesem Tag ab. Ihm war das alles wohl etwas zu viel gewesen. Nein, ein Heilungswunder allein macht noch keinen frischen Jesusnachfolger. Aber das war eigentlich alter Kaffee, schon in der Apostelgeschichte steht, dass die ersten Christen beim ganzen Volk angesehen waren – aber auch gemieden wurden. Viele trauten sich nicht, sich ihnen anzuschließen. War ihnen wohl zu spooky. Die Entscheidung, sein Leben Jesus zu geben, ist umkämpft.

Was hast du mit unseren Kindern gemacht?

Eine Zeit lang arbeitete ich im Kinderdienst mit. Ich hatte damals nicht viel Ahnung von Kindern oder wie man mit ihnen umgeht, genauso wenig verfügte ich über pädagogisches Wissen. Nun gut, dachte ich mir, dann muss Gott wohl helfen. Gesagt, getan. Unsere Gruppe hieß die Bibelentdecker, die Kinder waren zwischen neun und zwölf Jahre alt. Wir sangen, lasen Bibel, spielten, bauten, bastelten, die Kinder lernten Bibelverse auswendig und ich erzählte fleißig, was ich so mit Gott erlebte. Es machte mir wirklich Spaß, mit den Kindern zu arbeiten, und für mich war es ein großer Gewinn.

Eines Tages sprach mich ein Vater entsetzt an: »Was hast du mit unseren Kindern gemacht?«

Ich fragte, was er denn genau meinte, und er erzählte mir, dass er Schmerzen hatte und seine Kinder ihn gefragte hätten, ob sie für ihn beten dürften. Dann hätten sie die Hände aufgelegt und dem Schmerz im Namen Jesu befohlen zu verschwinden.

Skandalös!

»Und dann?«, fragte ich.

»Der Schmerz ging weg.«

»Das ist doch schön, oder?«

So richtig glücklich war er aber nicht. Es irritierte ihn, dass Kinder so etwas machen durften. Ich habe immer noch keine Ahnung von Pädagogik. Aber ich finde, wenn es Orte gibt, an dem man einfach mal ausprobieren kann, für Kranke zu beten, dann doch in der Gemeinde und zu Hause, oder nicht? Ich bin mit den Kindern ja nicht in eine Intensivstation oder ins Sterbehospiz gegangen.

Aber so ist das eben manchmal in einer Gemeinde. Es prallen ganz unterschiedliche Menschen mit unterschiedlichen Erwartungen, Erlebnissen und Eigenschaften aufeinander. Und dennoch sollen wir uns lieb haben und gut miteinander umgehen. Da stellt sich die Frage, welches Verhalten wir bei einander tolerieren sollen. Oder anders gefragt, wann ist der Punkt erreicht, an dem wir auf, unserer Meinung nach, falsches Verhalten reagieren sollten? Dabei geht es ja nicht nur um uns selbst, sondern auch um Menschen außerhalb der Gemeinde, es geht um Außenwirkung.

IN DER GEMEINDE PRALLEN GANZ UNTERSCHIEDLICHE MENSCHEN MIT UNTERSCHIEDLICHEN ERWARTUNGEN, ERLEBNISSEN UND EIGENSCHAFTEN AUFEINANDER.

Was hat es mit dem Leib Christi auf sich?

Als ich über diese Fragen nachdachte, hörte ich eine Predigt, die anhand einer Geschichte eine gute Antwort gab:

Ein Mann hatte eine Teppichreinigungsfirma und einige Angestellte. Er schickte einen neuen Angestellten in ein Büro, um dort die Teppiche zu reinigen. Nachdem der fertig war, kontrollierte der Chef die Arbeit.

Er fand einige Stellen, die noch dreckig waren, und fragte seinen Angestellten: »Was ist das?« Der Angestellte antwortete: »Dreck.«

Dann ging er ein paar Meter weiter zu einer anderen Stelle und sagte: »Was ist das?« – »Dreck.« Und zu einer dritten Stelle: »Und das?« – »Dreck.«

Da sagte der Chef: »Ich bin so froh darüber, dass wir hier übereinstimmen. Wenn wir darüber, was Dreck ist, nicht übereinstimmen würden, dann könnten wir nicht zusammenarbeiten.«

Der Prediger fuhr sinngemäß fort: »Wenn jemand, der sich Christ nennt, nicht mit der Bibel übereinstimmt, was Dreck ist, dann wird Gott nicht mit ihm zusammenarbeiten können.«

Ich hörte mir diese Geschichte vier Mal an und habe sie so verstanden: Wer Christ ist und zu einer Gemeinde gehört, gehört auch zum weltumspannenden Leib Christi, also zur großen Familie Gottes. Wenn nun ein Teil dieses Leibes andere Vorstellungen davon hat, was Dreck ist und was nicht und sich dementsprechend nicht mehr wäscht, wird der gesamte Leib verunreinigt und Gott, wird durch die dreckigen Stellen nicht verherrlicht, was im Endeffekt bedeutet, dass Gott in solchen Gemeinden nicht wirkt oder sein Wirken zumindest beschneidet. Das ist der Grund, warum Christen aus einer Gemeinde ausgeschlossen werden müssen, wenn sie ihre Sünden leugnen. Es geht nicht darum, dass man als Christ nicht mehr sündigen darf. Wir alle sündigen. Kein Christ ist ohne Fehler. Aber wir dürfen uns dann nicht hinstellen und so tun, als sei unser Verhalten vollkommen in Ordnung. Wenn jemand aus einer Gemeinde ausgeschlossen wird, heißt das auch nicht, dass er nicht errettet wird oder dass Gott ihn nicht mehr liebt. Es heißt einzig und allein, dass er nicht mehr Teil der Gemeinde ist – bis er umkehrt, seinen Lebenswandel überdenkt und um Vergebung für seine Sünden bittet.

Warum ist das so? Die einfachste Antwort gibt die Praxis: Man stelle sich vor, dass ein Nicht-Christ einen Prediger kennenlernt. Der Heilige Geist spricht zu dem Nicht-Christen und er bekehrt sich und möchte ein Leben mit Jesus führen.

Der Prediger lädt ihn zu sich nach Hause ein und dort zeigt er ihm sein Haus und wie er lebt: »Ich bin Pastor einer großen Gemeinde mit 300 Mitgliedern, vor drei Monaten ist meine Ehefrau ausgezogen, weil ich seit sechs Monaten eine neue Geliebte habe, die ich bei einem Urlaub in Thailand kennengelernt habe. Sie wohnt jetzt seit drei Wochen hier. Das ist meine Tochter und dieser junge Herr ist… ach, den hast du gestern aus der Disco mit nach Hause genommen? Na ja, ich hoffe ihr hattet euren Spaß. Oben ist noch mein Sohn, der internetabhängig ist und wahrscheinlich gerade Pornos schaut.«

Was würden Außenstehende über diesen Pastor, seine Religion, die Bibel, Jesus und Gott denken? Führt das Zeugnis solch einer Person dazu, dass das Reich Gottes gebaut werden kann oder gibt es nicht vielmehr das Christentum, seine Gemeinde und letztendlich Jesus und Gott der Lächerlichkeit preis? Zumindest, wenn der Pastor seinen Lebensstil als vollkommen unproblematisch darstellt. Soll halt jeder machen, wie es ihm gefällt und wie es ihm guttut. Wird Gott den Lebenswandel solch einer Person durch Zeichen und Wunder auch noch bestätigen oder wird solch ein Prediger eher Pastor einer toten oder geistlosen Kirche sein, in der keine Heilungswunder und kaum echte Bekehrungen stattfinden, in der Menschen Jesus Christus nicht erkennen?

Hier geht es nicht um Gesetzlichkeit. Gesetzlichkeit habe ich längst hinter mir gelassen. Wer sündigt, sündigt eben und wenn er offen zu seiner Sünde steht, diese aber auch als solche bezeichnet, kann das kraftvoll sein. Problematisch wird es aber, wenn wir so tun, als ob wir nicht sündigen und dann ganz dreist einfach Gottes Verständnis von Sünde, das er ganz klar in der Bibel kommuniziert hat, verdrehen, damit es so aussieht, als ob wir nicht sündigen. Das verstehe ich einfach nicht. Alle finden den liebenden, gnädigen Gott so geil, aber keiner will die Gnade in Anspruch nehmen müssen. Jeder will für sich schon heilig sein. Heilig? Ja, wie sollte man sonst einen Menschen bezeichnen, der nie sündigt, weil alles irgendwie okay ist und Gott einen ja so geschaffen hat, wie man eben ist.

> PROBLEMATISCH WIRD ES, WENN WIR GANZ DREIST EINFACH GOTTES VERSTÄND-NIS VON SÜNDE VERDREHEN, DAMIT ES SO AUSSIEHT, ALS OB WIR NICHT SÜNDIGEN.

Vor diesem Hintergrund muss man auch die folgende Geschichte verstehen. Eines Tages – ich war inzwischen verheiratet und seit einiger Zeit Teil der Gemeinde – hatten wir einen jungen Theologiestudenten als Gastprediger bei uns. Und je länger er sprach, desto tiefer sank das Level an göttlichem Momentum. Der junge Mann erklärte uns allerhand Dinge, die aus meiner Sicht ganz klar gegen Gottes Wort sprachen. Er verdrehte die Aussagen der Bibel und verkündete ein liberales, aber meiner Meinung nach gottfernes Evangelium. Ich bekam Bauchschmerzen. Meine Frau ging sehr betroffen hinaus. Ich blieb in Schockstarre sitzen. Nach seiner Predigt konfrontierte ich ihn, aber er grinste nur genüsslich.

Später sprach ich mit den Ältesten und fragte, warum seine irrwitzige Predigt nicht von jemandem unterbrochen worden war.

Jemand sagte: »Das wollte ich dem jungen Bibelschüler nicht antun, er braucht diesen Predigttermin um seinen Abschluss zu bekommen.«

Ich konnte immerhin bewirken, dass zumindest der Audio-Mitschnitt von der Gemeindewebseite genommen wurde. Wir können uns nicht hinstellen und das biblische Verständnis von richtig und falsch umdrehen.

———

Gehen wir noch einmal zurück zu der Geschichte von den Putzleuten. Es ist wichtig, dass der Chef der Teppichreinigungsfirma und sein Angestellter die gleiche Vorstellung davon haben, was Dreck ist und was nicht. Sonst ist eine Zusammenarbeit kaum möglich.

Es nützt dem Angestellten wenig zu sagen: »Schau mal, du musst nur deine Perspektive ändern und etwas anderes Licht wählen, dann stellst du fest: Der Teppich ist gar nicht dreckig.«

Es nützt auch nichts, zu versuchen, den Dreck zu Gold zu erklären. Dreck wird Dreck bleiben. Der Angestellte darf scheitern, es ist in Ordnung, wenn es ihm misslingt, den Dreck zu entfernen. Dann muss der Chef das richtige Werkzeug zur Verfügung stellen und seinen Angestellten schulen.

Aber wenn der Mitarbeiter sagt: »Das ist gar kein Dreck, das ist wunderbar so«, kann der Chef mit diesem Angestellten nicht weiterarbeiten.

Es ist nicht das Problem, wenn jemand sündigt. Niemand ist frei davon. Und manchmal gibt es auch Sünden, die wir einfach nicht loswerden und immer und immer wieder tun.

Dann ist es aber der falsche Weg zu sagen: »Das ist ja keine Sünde. Gott hat mich so geschaffen und deswegen bin ich halt so.«

Besser wäre es, zu sagen: »Ja, das ist Sünde, ich bin mit der Situation überfordert, aber Gott nimmt mich auch mit meiner Sünde an und wird mich letztlich davon befreien.«

An diesem Tag, an dem unsere Ältesten diese Art von Lehre zuließen, veränderte sich etwas bei uns. Ich spürte Gottes Gegenwart nicht mehr wie zuvor. Jemand hatte meiner Gemeinde einen tiefen Schlag versetzt und uns dessen beraubt, warum wir hier sonntags überhaupt zusammenkamen. Das traf mich schwer. Es war immerhin meine Gemeinde und ich liebte diese Gemeinde. Ich unternahm diverse Anläufe, um dagegen zu wirken, vergebens. Es folgte eine längere Phase des Ringens, Verzweifelns und Suchens, bis ich am Ende aufgab. Meine Zeit hier war abgelaufen.

Satan, der Kettenhund Gottes?

Dieses Predigterlebnis war nur der Beginn einer Entfremdung, es war keineswegs ausschlaggebend für meine Entscheidung, die Gemeinde zu verlassen. Es gab da auch schwerwiegende theologische Differenzen.

Es war für mich immer wieder sehr erstaunlich, wie so viele verschiedene Christen die Bibel in so viele verschiedene Richtungen interpretieren konnten. Ich war ja nicht gläubig geworden in Folge einer verstandsgemäßen theologischen Diskussion, sondern weil ich Gott persönlich erlebt hatte. Alles, was ich danach las oder hörte, musste dieser persönlichen Begegnung standhalten. Ich verstand nicht alles und konnte das, was ich verstand, oft argumentativ nicht überzeugend rüberbringen, und so spürte ich es einfach in meiner Magengegend, wenn etwas von Gott war oder aber nicht.

So auch an einem Sonntag in einer Predigt, in der in Bezug auf das Buch Hiob erklärt wurde: Satan will die Menschen zerstören, aber Gott hält alle Fäden in der Hand und damit steuert er selbst Satan. So kann Gott die Kette länger oder kürzer machen, wie es ihm gerade beliebt.

Will Satan beispielsweise einen Menschen töten, erlaubt Gott das möglicherweise oder er sagt: »Nein, du darfst ihn nicht töten, es reicht, wenn du ihm Krebs bringst.«

Satan dackelt dann gedemütigt ab um »nur« Krebs zu bringen, wo er den Menschen doch viel lieber gleich getötet hätte. Armer Satan.

Dieser Mensch – nehmen wir an, er ist ein Kind Gottes – würde dann den schweren Tiefschlag der Krankheit erleiden und sich an Gott wenden und dem Ganzen noch etwas Gutes abgewinnen: »Danke Gott, du willst mir bestimmt etwas beibringen durch diese Situation, ich lobe dich, ich liebe dich, du guter Gott.«

Es brodelte in mir. Nicht falsch verstehen. Diese Reaktion wäre an sich bewundernswert. Aber die Einstellung dahinter beziehungsweise hinter der Predigt ärgerte mich. Weder schlägt uns Gott mit Krankheit, noch lässt er zu, dass Satan so etwas tut. Ich machte einen Termin mit dem Pastor und sprach mit ihm über all die Dinge in seiner Predigt, die ich komplett anders verstanden hatte, aber er blieb bei seiner Meinung. Geistliche Dinge lassen sich oft nicht durch Diskussion bereinigen.

Aus meiner Sicht kann man das Buch Hiob nicht so auslegen, wie es der Pastor getan hatte. Es hat sicherlich seine Bedeutung, aber unter dem Licht des neuen Bundes unterscheidet diese sich fundamental von dem, was der Pastor gepredigt hatte. Jesus ist am Kreuz gestorben, es ist vollbracht. Satan ist besiegt. Er kann nichts mehr tun, außer zu lügen und zu betrügen. Darin ist er ziemlich gut, aber er ist kein Kettenhund Gottes, den Gott gewähren lässt, um die Drecksarbeit für ihn zu erledigen.

Jesus hat Satan nicht nur besiegt, er hat seinen Jüngern ebenfalls Macht gegeben, ihm zu widerstehen. Und alles, was wir dazu tun müssen, ist aufzuhören, seinen Lügen zu glauben. Die Lügen des Teufels können sehr überzeugend sein und wir glauben ihnen leicht. Manchmal hilft nichts anderes, als dem Teufel und seinen Dämonen laut zu befehlen, zu verschwinden. Aber Satan hat nicht die Macht, handfesten Krebs zu zaubern. Und ganz sicher ist er keine Prüfung Gottes und auch kein pädagogisches Mittel.

Natürlich kann Gott selbst eine Krebserkrankung nutzen, um Gutes zu bewirken, aber eine Krankheit ist niemals ein Mittel zum Zweck für ihn. Gottes Plan für unser Leben ist nur gut. Er wünscht sich absolute Gesundheit für uns und deswegen hat Jesus am Kreuz nicht nur unsere Sünden getragen, sondern auch unsere Krankheit. Er hat bereits alles getan, um uns gesund zu machen. Deswegen können wir auch im Namen von Jesus Krankheiten und körperlichen Gebrechen gebieten, zu verschwinden, und sie müssen verschwinden. Und sollte dies einmal nicht klappen, machen wir uns auf die Suche für Ursachen, Blockaden oder was auch immer.

EINE KRANKHEIT IST NIEMALS EIN MITTEL ZUM ZWECK FÜR GOTT. SEIN PLAN FÜR UNSER LEBEN IST NUR GUT.

Wir fragen Gott, warum wir nicht gesund werden, und Gott wird uns antworten, denn er liebt uns und er wünscht sich nichts sehnlicher, als dass alle Menschen diese Wahrheit erkennen und in ein Leben unter seinem Segen und in seiner Fülle kommen.

Eine auf diesem Gottesbild aufgebaute Gemeinde wird in rechter Weise Jesus repräsentieren, und im Sieg leben. Gemeinden, die auf einem anderen Bild aufbauen, werden immer weniger in Gottes Vollmacht wirken können.

———

Bevor ich Christ wurde, hatten meine Freunde und ich klare Regeln:

- Keiner baggert die Frau des anderen an.
- Wir halten uns an Abmachungen.
- Wir lachen, wir tanzen, wir rocken, wir saufen und erleben eine gute Zeit miteinander.

Ich kann mich wirklich nicht erinnern, dass wir irgendwelche Streitthemen hatten, bei denen wir ständig aneinandergeraten wären. Wenn wir uns trafen, ging es eher darum, möglichst gut drauf zu sein und sich lustige Beschäftigungen auszudenken.

In meinen über neun Jahren als Christ erlebte ich dagegen immer wieder sehr komische Auseinandersetzungen. Christen streiten sich sooft über unterschiedliche Auslegungen der Bibel. Es kommt mir irgendwie so vor, als wolle jeder seine Sichtweise anderen aufdrücken. Verstärkt wird das Ganze durch Bücher, die hochgeistlich klingen und argumentativ ausgereift sind, aber im totalen Gegensatz zu einem Buch eines anderen Autors stehen, der halt das gleiche Thema verschieden sieht und seine Argumente genauso toll aufbereitet hat.

Dazu ein Beispiel: Wir waren zu einer Feier bei meinem Bruder eingeladen. Als am Nachbartisch eine Diskussion begann, ahnte ich schon, dass das Fest in einem Desaster enden würde.

Irgendwann drehte sich jemand zu mir um und fragte: »Nathanael, was sagst du zu dem Thema Entrückung?«

Ich wollte nichts sagen, ich sollte nichts sagen, ich hatte ein richtig mieses Gefühl im Bauch. Dummerweise tat ich es dennoch, so höflich und zurückhaltend wie möglich. Bumm, Eskalation. Spaß macht so ein Familientreff nicht.

Einige Zeit später hörte ich mir einige Predigten zum Buch der Offenbarung an, in denen alles ziemlich cool und verständlich erklärt wurde.

Der Prediger sagte mehrfach: »This stuff is learnable!« Nach dem Motto: So ist es, jeder kann es lernen, jeder kann lernen, es zu interpretieren, wie ich, fertig.

Dann war ich auf einer Bibelschulwoche, wo es um das Thema Endzeit ging. Der Prediger erzählte ebenfalls sehr überzeugend seine Version des Themas, die jedoch in drastischem Widerspruch zu den Predigten stand, die ich gehört hatte.

Nach fünf Tagen sagte der Bibelschullehrer: »So, also das ist meine Version, aber es könnte auch alles ganz anders kommen.«

Na toll. In dem Moment verstand ich eines: Es ist nichts wert, über theologische Theorien miteinander zu streiten.

Vor Kurzem war ich mit jemandem im Auto unterwegs und wir unterhielten uns über irgendein Thema. Die Person war sehr entrüstet über meine Meinung und legte mir engagiert ihre Sichtweise dar. Ich antwortete nicht. Keine Rechtfertigung. Du denkst anders, das ist okay. Kein Problem, ich respektiere deine Sichtweise. Ich werde jetzt keinen Streit anfangen. Vielleicht ist es noch nicht deine Zeit, diese Dinge zu verstehen, vielleicht noch nicht meine.

Also wechselte ich einfach das Thema: »Boa, guck mal da drüben! Was für krasse Felgen hat der denn drauf?!«

Und der Friede konnte erhalten werden.

Wenn du an etwas Anstoß nimmst, was ich in diesem Buch geschrieben habe, ist das genauso okay. Wir müssen nicht darüber streiten. Insbesondere, wenn wir beide zu Gottes Familie gehören, ist das einfach unnötig. Lass uns in Frieden zusammenleben und lieber gemeinsam unseren Gott loben und preisen.

Nachwort – Dein radikal anderes Leben

Das war's also. Du weißt jetzt weitgehend alles, was ich aus meinem bisherigen Leben für erzählenswert halte. Mit theologischen Erklärungen, Bibelstellen und Lehrkonstruktionen habe ich mich zurückgehalten. Wer weiß, vielleicht werde ich mich in dem einen oder anderen weiteren Buch näher mit unserer Verantwortung, der Gnade Gottes oder der Gesundheit von Geist, Körper und Seele beschäftigen.

Mir ist es wichtig, noch einmal zu betonen: Nichts von alledem, was ich mit Gott erleben durfte, habe ich mir verdient. Ich bin kein krasser Glaubensheld. Ich tauge nicht als Vorbild. Zumindest nicht für dich. Mit Gottes Hilfe gebe ich mir natürlich die größte Mühe, ein gutes Vorbild für meine Kinder zu sein. Aber eigentlich gilt auch für sie dasselbe wie für dich: Das beste Vorbild ist immer noch Jesus.

Warum dann eine Autobiografie? Mit 40? Ist das nicht etwas egozentrisch? Ja und nein. Einerseits glaube ich tatsächlich, anhand meines bisherigen Lebens einige wichtige Dinge zeigen zu können. Das ist nun mal meine Geschichte, sie ist einzigartig, so einzigartig wie zig andere Geschichten. Gott begegnet jedem Menschen so, wie er es braucht – vermutlich musste ich viele Dinge genauso erleben, wie ich sie halt erlebt habe, um zu verstehen, was Gott mir sagen wollte. Andere wären von den gleichen Erlebnissen vielleicht eher verschreckt.

Ich kenne Menschen, die als Kleinkind wiedergeboren wurden und nie so eine extreme Begegnung mit Gott hatten. Na und? Dann streich diesen spektakulären Teil doch einfach und sieh dir an, was bleibt: eine Herzensbeziehung zu Gott. Und die will Gott auch mit dir haben. Er will auch dich gebrauchen, mit dir leben, dich verändern, dir eine neue Identität geben und durch dich andere Menschen erreichen, heilen, Dämonen austreiben und das Evangelium verkündigen – was auch immer.

Warum kann ich das so dreist behaupten?

Weil Jesus all seine Göttlichkeit hinter sich gelassen hat. Er handelte hier auf der Erde nur mit der Kraft des Heiligen Geistes, welcher nach seiner Taufe auf ihn gekommen war. Dieser Geist ist zu Pfingsten auch auf die 120 Jünger gekommen, dann auf Tausende und Abertausende andere und 2010 auch auf mich. Es ist der gleiche Geist, die gleiche Kraft, es sind die gleichen Wunder. Weder Jesus noch seine Jünger sind mir oder dir gegenüber im Vorteil. Wir alle handeln mit und durch exakt die gleiche Kraft. Es ist der Geist Gottes, der all diese übernatürlichen Dinge bewirkt, damals wie heute. Darum kann ich erwarten, dass Kranke gesund werden. Darum weiß ich, dass meine Gebete erhört werden oder Gott mir mitteilt, was ich beten soll. Ich bin in Jesus und in Kooperation mit dem Heiligen Geist eine Brücke zwischen Himmel und Erde. Und du kannst das auch sein.

ER WILL AUCH DICH GEBRAUCHEN, MIT DIR LEBEN, DICH VERÄNDERN, DIR EINE NEUE IDENTITÄT GEBEN.

Das Leben eines jeden Christen ist ein gewisses Zeugnis und die Geschichte des Wirkens Gottes darin ein wichtiges Dokument. Ich würde also jeden Christen dazu ermutigen, ab und zu so eine »Autobiografie« zu verfassen – oder sagen wir, zumindest davon zu erzählen, wie er Gott erlebt hat, was Gott Großes in seinem Leben getan hat. Diese Geschichten sind wichtig. Wir lernen daraus, dass die anderen mit ähnlichen Dingen zu kämpfen haben, dass sie aber auf unterschiedliche Weise damit umgehen und dass Gott einen ganz eigenen Plan mit jedem Einzelnen hat.

Mir geht es mit diesem Buch nicht darum, mich selbst ins Zentrum zu stellen, sondern das Wirken Gottes. Das ist auch ein Grund, warum ich mich dazu entschlossen habe, meine Geschichte nicht chronologisch aufzuschreiben, sondern thematisch. Niemand soll das großartige Leben des Nathanael Draht nacherzählen können, aber wenn einer meiner Leser sich eine meiner Geschichten merkt, wäre das schön:

»Da gab es doch diesen Typen, der dieses und jenes mit Gott erlebt hat.«

»Ich hab da mal ein Buch gelesen, da ist einer folgendermaßen mit dieser und jener Schwierigkeit umgegangen.«

Oder noch besser: »Wenn dieser Mann solch krasse Sachen mit Gott erlebt, muss da was dran sein, vielleicht versuche ich das auch einmal.«

Ich habe es an mehreren Stellen erwähnt: Nicht ich habe etwas Tolles vollbracht, nicht ich habe mir durch intensives Bibelstudium oder einen geistlichen Lebenswandel verdient, spektakuläre Dinge mit Gott zu erleben. Nein, mir wurde alles aus Gnade geschenkt. Sogar, als ich glaubte, ohne Gott unterwegs zu sein, ihn ablehnte, ihn ignorierte und mich über Gottes Anhänger lustig machte, wurde ich gesegnet.

Mein Leben hat eine radikale Wendung gemacht, nachdem ich Jesus kennengelernt habe. Ich glaube aber, dass das Leben bei jedem Menschen eine solch radikale Wendung nimmt, sobald Jesus ins Spiel kommt. Nur: Es ballert sich halt nicht jeder mit Drogen zu, es schmeißt nicht jeder Geld zum Fenster raus, es ist nicht jeder auf der Jagd nach Rockzipfeln. Wer ein bescheidenes Leben führt, moralisch hohe Grundsätze hat und sich weitgehend an geltende Gesetze hält und dann zu Jesus findet, wird dennoch eine ebenso radikale Wendung in seinem Leben erleben. Nur in diesem Fall werden andere Menschen diesen Lebenswandel nicht ganz so radikal einschätzen. Meine Geschichte lässt sich ganz gut erzählen. Das heißt aber nicht, dass es die bessere Geschichte wäre.

Mag sein, dass ich durch meine Art und Weise ein gutes Werkzeug für Gott bin. Ich habe manchmal das Gefühl, Gott sucht nach

Menschen, die bereit sind, sich für ihn zum Deppen zu machen. Die ohne Rücksicht auf Verluste einfach mal machen. Die nicht groß nachdenken, sondern ausprobieren. Wenn ich merke, dass Gott mich irgendwo gebrauchen will, dann mach ich das halt – auch, wenn ich mir manchmal wünschen würde, dass andere etwas schneller reagieren und ich mich auch mal zurücklehnen kann.

———

Genau das geschah letztens im Urlaub. Lass mich dir diese eine Geschichte aus meinem Leben noch erzählen. Meine Frau und ich konnten unsere Kinder für ein paar Tage bei den Großeltern lassen und wir machten mal wieder allein Urlaub. Wir lagen eines Abends am Strand und genossen die Ruhe, da sahen wir eine Frau, die mit einem Sack Eis ums Bein gebunden die Strandpromenade entlanghumpelte. Ich hatte sofort den Eindruck, zu ihr hingehen zu sollen, wollte aber nicht. Ich sagte zu Gott, dass ich doch im Urlaub sei und mich ausruhen wolle. Aber der Eindruck wurde nicht schwächer, ich wollte mich gerade aufraffen, als meine Frau plötzlich sagte: »Ich glaube, ich sollte zu dieser Frau rübergehen.« Großartig.

Hinterher berichtete sie mir, was passiert war. Der Herr hatte auch bei ihr angeklopft, doch auch sie wollte eigentlich nicht zu der Frau gehen und dachte sich: »Was ist, wenn ich hingehe und nichts passiert? Dann hätte ich mir die Laune verdorben und der Frau ist trotzdem nicht geholfen.« Also sagte sie zum Herrn: »Jesus, wenn du mir sicher sagst, dass da was passiert, werde ich gehen.«

Der antwortete: »Ich bin doch immer bei dir, auch wenn du zu dieser Frau gehst.«

Also stand Yuliya auf. Sie wusste: Warum sollte dann kein Wunder geschehen, wenn Gott dabei ist? Warum sollte das Bein nicht geheilt werden? Warum schickt mich Gott sonst zu dieser Frau? Sie stellte sich vor und dann unterhielten sich die beiden Frauen über ihre Sonnenbrillen, die zufällig die gleichen waren. Yuliya sah sich schließlich das Bein der Frau an. Es war so stark geschwollen, dass man den Knöchel nicht mehr sehen konnte. Sie fragte die Frau: »Kann ich dir etwas Gutes tun?«

Die Frau sah sie erstaunt an.

Yuliya fuhr fort: »Gott möchte dein Bein heilen, darf ich für dich beten?« Sie bückte sich und legte wortlos die Hand auf, im Vertrauen darauf, dass jetzt ein Wunder geschehen würde. Tatsächlich, innerhalb von Sekunden schwoll das Gelenk ab. Die Frau bestätigte, dass sie nun keine Schmerzen mehr hatte, und war total außer sich vor Freude.

Jetzt versteh mich bitte nicht falsch. Es geht ganz sicher nicht darum, ein Faulenzerevangelium zu predigen. Ich möchte nur, dass du die Dinge richtig einordnen kannst. Es geht nicht um dich oder mich, es geht um Jesus. Wenn du ihm nachläufst, bist du auf dem gleichen Weg wie ich: Wir beide werden ihm ähnlicher. Allerdings ist dein Startpunkt ein ganz anderer als meiner. Ich wünsche mir, dass du deinen Weg mit Jesus gehst, mutig, entschlossen, voller Glauben, Liebe und Hoffnung. Dann wirst du mit Sicherheit deine ganz eigene Geschichte schreiben. Oder vielmehr, Gott wird sie schreiben.

———

Die wichtigsten Punkte meiner Botschaft sind die Gnade und die Eigenverantwortung. Es ist wichtig zu begreifen, dass alles Gute in unserem Leben von Gott kommt und er uns diese Dinge aus Gnade gibt. Wir verdienen sie nicht. Klar, wir alle sind irgendwie der Meinung, ein gutes Leben zu führen – nach unseren eigenen Maßstäben. Aber so habe ich auch gedacht, als ich nun wirklich kein gutes Leben führte. Selbst Schwerverbrecher und Diktatoren sind üblicherweise der Meinung, eigentlich insgesamt doch ein ganz gutes Leben zu führen. Wir alle basteln uns unser Weltbild irgendwie zusammen und darin sind wir selbst eher selten die Bösewichte. Nach Gottes Maßstab sind wir aber alle Sünder, die ein Leben fernab seiner Vorstellungen leben und dementsprechend auch den Tod verdient haben. Doch er segnet uns, er zieht uns immer wieder zu sich, er offenbart sich auf viele Weisen und gibt uns immer wieder die Chance, uns ihm zuzuwenden.

Ich bin froh, dass ich das damals auf dem Velberter Missionsfest getan habe. Es war die beste Entscheidung meines Lebens. Und ich hoffe, dass auch du diese Entscheidung bereits getroffen hast. Wenn du willst, kannst du sie auch gerne jetzt treffen. Jetzt, wo du diese Zeilen liest. Du brauchst dazu kein vorformuliertes Übergabegebet, aber ich weiß ja, dass wir Menschen oft Anleitung brauchen. Deswegen habe ich dir hier eines aufgeschrieben. Lies es einfach laut vor:

Gott,
ich danke dir, dass du mit Jesus Christus für mich einen Weg zu dir bereitet hast. Ich nehme den stellvertretenden Tod deines Sohnes Jesus Christus für meine Sünde an. Sei du, Jesus, ab sofort der Herr in meinem Leben. Heiliger Geist, sei willkommen, um mich zu lenken, zu leiten und zu unterweisen und mich mit deiner Kraft zu begleiten.

Danke, dass ich für alle Ewigkeit im Buch des Lebens eingeschrieben bin. Danke, dass ich gesegnet und geliebt bin. Danke, dass du, Gott, dich jeden Tag über mich freust, weil ich dein geliebtes Kind bin. Gute Tage werden mir folgen mein Leben lang und ich glaube, dass du, Vater, einen guten Plan für mich hast.

Danke, Amen.

Das war's schon. Wenn du dieses Gebet jetzt ernsthaft gebetet hast, dann herzlichen Glückwunsch. Es gibt nichts Besseres, was du für dich selbst hättest tun können.

Es gibt viele sinnvolle Dinge, die du als Nächstes tun könntest. Ich empfehle dir aber nur eines: Suche die Nähe Gottes im Gebet, im Lobpreis, in der Natur, in der Bibel oder wie auch immer und höre auf das, was Gott dir sagen will. Alles andere kommt dann von alleine und nicht durch Anstrengung.

Und wenn du dann mit Gott unterwegs bist, hoffe ich, dass du dich daran erinnerst, dass du selbst die Verantwortung für dein Leben trägst. Du bist keine Marionette Gottes geworden. Du bist ein Sohn oder eine Tochter, mit eigenem Willen, eigenem Charakter, mit Macken, Kanten und Fehlern. Und dennoch liebt dich dein Vater so, wie du bist. Das Großartige ist: Du musst nicht so bleiben, wie du bist. Du kannst dich verändern. Oder besser: Du kannst verändert werden. Wenn du den Heiligen Geist an dir arbeiten lässt, bleibst du nicht

GOTT HAT RICHTIG BOCK DARAUF, MIT DIR DIE WELT ZU ROCKEN.

auf dem Level stehen, auf dem du gerade bist, sondern er wird dich Schritt für Schritt leiten und zum Ziel bringen.

Benötigst du Hilfe dabei? Ich habe auf meiner Homepage nathanaeldraht.de zu vielen Themen wertvolles Material und Videos bereitgestellt. Dort erfährst du auch aktuelle Veranstaltungstermine und kannst mit mir in Kontakt treten. Du kannst dich in meinen Newsletter eintragen und brandaktuelle Informationen erhalten.

Wenn du mir eine E-Mail schreiben möchtest, kannst du das auch gerne tun. Du erreichst mich über folgende Adressen:

- Danksagung@nathanaeldraht.de für positives Feedback.
- Beschwerde@nathanaeldraht.de, wenn du dich so richtig auskotzen willst.
- Anfrage@nathanaeldraht.de, wenn du mich zu einem Event einladen möchtest.

Ich wünsche dir alles Gute, und dass du Gottes Reichen Segen in deinem Leben erleben darfst. Mach's gut und bis bald,

dein Nathanael Draht